DAS BERLINER ZEUGHAUS
THE BERLIN ARMOURY

Herausgegeben von / Edited by Ulrike Kretzschmar

Einleitung von / With an introduction by Hans Ottomeyer und / and Ulrike Kretzschmar

Beiträge von / With contributions by Winfried Brenne, Ulrike Kretzschmar,

Hans-Joachim Kuke und / and Hans Ottomeyer

Architekturfotografie von / Architectural photographs by Ulrich Schwarz

PRESTEL

München · Berlin · London · New York

Inhalt
Contents

Einleitung
Introduction

Das Berliner Zeughaus ist einer der bedeutendsten Bauten des Barock. Die Stimmen der Bewunderer im 18. Jahrhundert waren zahlreich und nicht nur von einem verständlichen Lokalpatriotismus getragen. Der Publizist und Aufklärer Friedrich Nicolai urteilte 1786 in seinen Beschreibungen von Berlin sogar, es gehöre zu den »schönsten Gebäuden Europas«. Seinen besonderen Platz in der Kunstgeschichte verdankt das Zeughaus in Berlin nicht zuletzt dem hohen Rang seiner bildhauerischen Arbeiten. Am bekanntesten sind die als Masken gestalteten 22 Schlusssteine, die Andreas Schlüter für den Innenhof geschaffen hat. Sie gehören zu den wenigen Teilen der Bauskulptur, die fast unbeschadet die letzten drei Jahrhunderte überdauerten.

Nach dem politischen Testament von Kurfürst Friedrich Wilhelm aus dem Jahre 1667 sollte das von ihm geplante Berliner Zeughaus weit über die Aufgaben eines einfachen Nutzbaues hinaus repräsentativen Charakter erhalten. Erst sein Sohn, Kurfürst Friedrich III., konnte diese Idee mit der Grundsteinlegung am 28. Mai 1695 verwirklichen. Während der vorausgehenden fast 30-jährigen Planungsphase erfuhr der staatspolitische Grundgedanke noch eine Steigerung: Das Berliner Zeughaus sollte aller Welt erstmalig den Anspruch auf Souveränität des aufstrebenden Kurfürstentums unter Kurfürst Friedrich III. vor Augen führen. Die militärischen Erfolge in den ersten Regierungsjahren und der Aufstieg des brandenburgischen Kurfürstentums zum Königtum in Preußen 1701, bilden den historischen Hintergrund für das reiche bauplastische Programm an dem Gebäude, das den politischen Rang des neuen Königreiches vor Augen führt.

Das Berliner Zeughaus reiht sich damit in eine Folge von repräsentativen Arsenalen ein, die im 16. und 17. Jahrhundert neben den reinen Nutzbauten in Europa entstanden. Die bekanntesten stehen in Wien, Augsburg, Kopenhagen, Amsterdam und Graz. Zu den wichtigsten Symbolen königlicher Macht und Würde gehörte auch die Ausgestaltung Berlins zu einer europäischen Hauptstadt mit einem Kranz von Gebäuden und Denkmalen, welche den Sitz eines souveränen Herrschers bezeichneten. Neue Residenz, Dom, Münze, Marstall, Universität und Zeughaus galten damals

The Berlin Armoury is one of the most important buildings of the Baroque period. Numerous admiring voices could be heard in the eighteenth century – and not only those borne by an understandable local patriotism. In his description of Berlin from 1786, the journalist and philosopher of the Age of Eenlightenment Friedrich Nicolai stated that it must be counted among "the most beautiful buildings in Europe". The Armoury's special place in the history of art is in no small way due to the high quality of its sculptural decoration. The most famous are the twenty-two keystones, in the form of giants' masks, which Andreas Schlüter created for the inner courtyard. They are among the few sculptural elements of the building which have survived the last three centuries almost unscathed.

It is stated in Prince Elector Frederick William's political testament from 1667 that, going far beyond its use as a utility building, the Berlin Armoury should also be given a representative character. It was not until 28 May 1695, the date of the cornerstone ceremony, that his son Prince Elector Frederick III could fulfil this wish. During the previous thirty-year planning process, even greater importance was placed on the fundamental national political idea: the Berlin Armoury was intended to be a demonstration of the ambitious Electorate's – and its Prince Elector's Frederick III – claims to sovereignty. Its military successes in the first years of his reign and the rise of the Brandenburg Electorate to the Kingdom of Prussia in 1701 form the historical back-drop for the building's elaborate sculptural programme, which was intended to substantiate the political status of the new kingdom.

In this way, the Berlin Armoury became one in a series of representative arsenals which were constructed, along with buildings with purely utilitarian functions, in Europe during the sixteenth and seventeenth centuries. The most famous can be found in Vienna, Augsburg, Copenhagen, Amsterdam and Graz. A ring of buildings and monuments, marking the seat of a sovereign ruler, was also one of the most important symbols of regal power and dignity in Berlin's development into a European capital. At that time, a new residence, cathedral, mint, royal stables, university

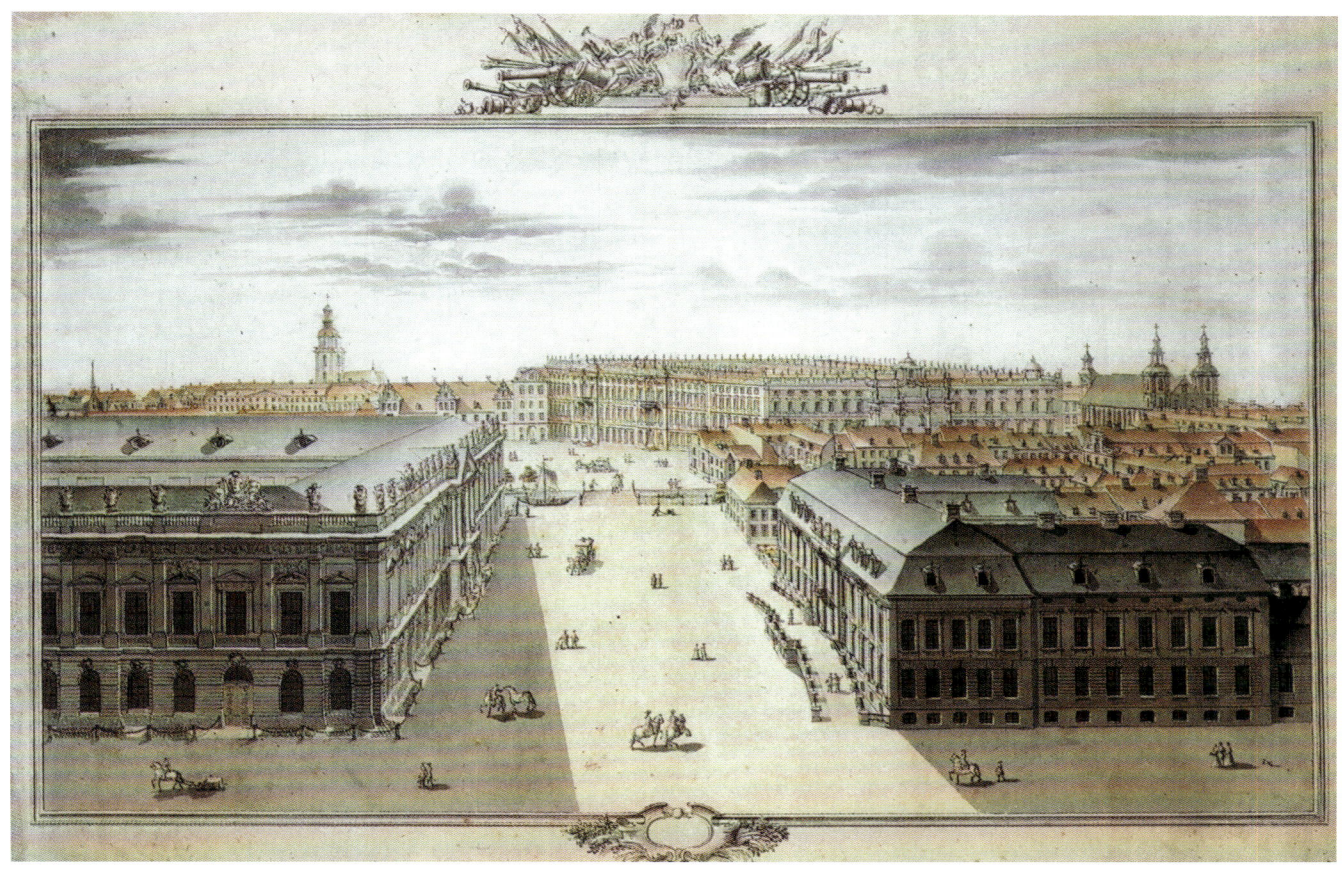

als unverzichtbare Zeichen zur Steigerung der Magnifizenz. Obwohl viele Ambitionen des preußischen Königs unausgeführt blieben, waren allein schon die Neugestaltung des Berliner Schlosses, der Bau des Zeughauses und des Marstallgebäudes – um nur einige bauliche Maßnahmen zu nennen – beeindruckende Zeugnisse seiner Anstrengungen, die Residenz in eine Königsstadt umzuwandeln. In der Welt des europäischen Absolutismus hat Friedrich I. es verstanden, seinem Staat und seinem Amt zur Geltung zu verhelfen. Die Barockzeit war im politischen Leben und in der Kunst, welche sie prägte, davon bestimmt, dass Prestige und Macht mehr bedeutete als Ruhe und Ausgleich. Keine Zeit hat einen so sinnfälligen Ausdruck für repräsentative Formen der Lebensfreude gefunden. Keine Zeit hat so viele Feste gefeiert und so viele festliche Formen gefunden wie diese. Mit ihrem bedeutenden materiellen Erbe ragt sie bis in unsere Zeit, die sich schwer tut, die überlieferten Gesamtkunstwerke barocker Anlagen, repräsentative Raumschöpfungen und pathetische Bildwelten in ihrem Anspruch zu interpretieren und zu erfassen.

and armoury were indispensable symbols of the increase in majesty. Although many of the Prussian king's ambitions remained unfulfilled, the reconstruction of the Berlin Castle, the building of the Armoury and royal stables – to name only a few projects – are impressive testimony to his efforts to transform the residence town into a regal city. Frederick I understood how to increase the importance of his state and his office in the world of European absolutism. In its political life and the art which characterised it, the Baroque era placed much more importance on prestige and power than on peace and conciliation. No other period developed a more graphic expression for the representative forms of joie-de-vivre. No period celebrated more festivities or developed more ceremonious forms. Its far-reaching material heritage still has an impact on our own age which finds it difficult to completely understand and grasp the artistic totality of Baroque arrangements, representative room concepts and the emotional pictorial universes which have been passed on to us. From the very beginning, the Berlin Armoury had to fulfil a double function. In addition to its

Blick vom Brandenburger Tor zum Alexanderplatz, links das Zeughaus
View from the Brandenburger Tor to Alexanderplatz, the Armoury on the left

Von Anfang an hatte das Zeughaus in Berlin eine Doppelfunktion. Neben seiner Bestimmung als Waffenmagazin diente es zugleich als Ort der Präsentation von historischen Paradewaffen und Trophäen. Die schlichte Innenarchitektur ohne hindernde Einbauten bot die idealen Voraussetzungen dafür, die Waffen effektiv zu lagern und sie so optimal wie möglich zur Geltung zu bringen.

Einen entscheidenden Schritt zum »Museum im Arsenal« bedeutete die Einrichtung einer Kunst- und Rüstkammer sowie einer Waffen- und Modellsammlung in den 20er-Jahren des 19. Jahrhunderts.

Nach den Einigungskriegen 1864–1871 und der Kaiserproklamation in Versailles 1871 sollte auf Wunsch von Kaiser Wilhelm I. die preußische Armee und ihre Geschichte in sichtbaren Zeugnissen eine Würdigung finden. Mit dem Bau einer Ruhmeshalle der brandenburgisch-preußischen Armee im Zeughaus wurde seine Zweckbestimmung als Waffenmagazin endgültig beendet. Bis zu seiner Zerstörung 1944/45 entwickelte sich das Berliner Zeughaus in den folgenden Jahrzehnten zu einem der bedeutendsten Heeresmuseen in Europa.

Bei dem Wiederaufbau nach dem Zweiten Weltkrieg bestimmte die DDR das ehemalige Arsenal als Sitz des »Museums für Deutsche Geschichte« und knüpfte damit an dessen Tradition als Museum an. Im Zuge der Wiedervereinigung übergab die Bundesregierung das Zeughaus und seine Sammlungen 1992 dem im Aufbau befindlichen Deutschen Historischen Museum zur Nutzung.

Umfangreiche Sanierungs- und Umbaumaßnahmen in den Jahren 1994 bis 2003/04, die außen wie im Inneren durchgeführt worden sind, lassen das Zeughaus wieder in seiner Pracht erstrahlen. Mit der originalgetreuen hellrötlichen Fassade und seinem üppigen Skulpturenschmuck vermittelt es noch heute einen Eindruck von der prächtigen Architektur, die einst die Residenzstadt der preußischen Kurfürsten und Könige prägte. Durch moderne technische Einbauten wird das Gebäude zudem den Ansprüchen einer zeitgemäßen Museumsarbeit gerecht.

Hans Ottomeyer und Ulrike Kretzschmar

function as a weapon arsenal it had to serve, simultaneously, as a place for displaying historical ceremonial weapons and trophies. The unpretentious interior decoration, without any obtrusive fittings, offered the ideal conditions for the functional storage of weapons and displaying them in the most effective way possible.

The installation of an art and armoury hall, as well as of a weapon and model collection, in the 1820s marked a decisive step in its transition into the 'Museum in the Arsenal'.

After the end of the Wars of German Unification (1864–71) and his proclamation to Emperor in Versailles (1871), William I expressed his desire that public testimony be made to the Prussian army and its history. The construction of the pantheon for the Brandenburg Prussian army in the Armoury put an end to its function as a weapon arsenal. In the following decades, up until its destruction in 1944/45, the Berlin Armoury developed into one of the most important military museums in Europe.

In the Armoury's reconstruction following World War II, the GDR determined that the former arsenal should become the site of the 'Museum for German History' in keeping with its traditional role as a museum. In the course of Germany's reunification, the federal government transferred the Armoury and its collections to the German Historical Museum, then in the stage of foundation.

The extensive redevelopment and reconstruction measures, both in the interior and on the exterior, which were carried out from 1994 to 2003/04, once again permit the Armoury to dazzle in its former glory. Today, the light reddish façade, faithful to the original, and the opulent sculptural decoration convey an impression of the magnificent architecture which was previously so characteristic of the residence city of the Prussian prince electors and kings. In addition, state-of-the-art technical equipment completely satisfy the demands placed on modern museum activities.

Hans Ottomeyer and Ulrike Kretzschmar

Blick von der Neuen Wache zur Westfassade des Zeughauses / View from the Neue Wache (New Guardhouse) to the west façade of the Armoury

Der östliche Teil der Südfassade mit Blick auf die Schlossbrücke, den Berliner Dom und den Fernsehturm / The east section of the south façade with a view towards the Castle Bridge, the Berlin Cathedral and the Television Tower

Die Südfassade des Zeughauses vom gegenüberliegenden Kronprinzenpalais aus gesehen
The south façade of the Armoury seen from the Crown Prince's Palace facing it

Straße Hinter dem Zeughaus, vorn der gläserne Treppenturm der Ausstellungshalle, im Hintergrund der Berliner Dom / The street behind the Armoury, with a view of the glass staircase tower of the exhibition hall; the Berlin Cathedral can be seen in the background

Blick aus dem Treppenturm der Ausstellungshalle von I. M. Pei zum Zeughaus
View from the staircase tower of I. M. Pei's exhibition hall towards the Armoury

Das Berliner Zeughaus im Wettstreit europäischer Barockarchitektur
The Berlin Armoury in the Competition of European Baroque Architecture

Hans-Joachim Kuke

Ein Zeughaus ist ein Waffenlager, ein Haus für die Artillerie. Seitdem sich im 16. Jahrhundert die Waffengattung und der Bautypus entwickelte, war ein Zeughaus zudem ein Schau- und Schatzhaus für Beutestücke, die man den Besiegten in militärischen Konflikten abgenommen hatte, um den Ruhm des eigenen Sieges noch zu steigern. In dem deutschen Wort stecken etymologisch allerdings auch die Begriffe »verfertigen, herstellen«. Im 18. Jahrhundert wurde für das Berliner Zeughaus, das von 1695 bis 1729 entstand, meist das Lehnwort Arsenal verwendet. Schon darin lag ein gewisser Überlegenheitsanspruch gegenüber anderen Zeughäusern, die bis dahin in Deutschland entstanden waren. Das über Italien in die meisten europäischen Sprachen gelangte Wort »Arsenal« ist arabischen Ursprungs. Hier wird der Gedanke des schöpferischen Hervorbringens noch deutlicher: »dār aṣ-ṣinā ʿa« heißt »Fabrik, Werft«, wobei in dem letzten Wortteil sogar die Bedeutungen von Kunst, Beruf und Gewerbe mitschwingen.

Ein Zeughaus sei ein »bequemer Ort, welcher so wohl zu Verfertigung als auch zu Beybehaltung dererjenigen Sachen gewidmet ist, die man in Angreiffung, wie auch Beschützung eines Orts nöthig hat«, definierte Johann Heinrich Zedler 1734 in dem umfangreichsten Lexikon des 18. Jahrhunderts einen solchen Bau. (Band II, S. 1188 ff.) Im 16. Jahrhundert war der Bautypus eines Zeughauses in den Kreis der Repräsentationsarchitektur aufgerückt und konnte von bedeutenden Architekten gestaltet werden. In ganz Europa entstanden zum Teil eindrucksvolle Neubauten: Paris (ab 1512), Ulm (1522), Dresden (1559–63), Nürnberg (1588) Kopenhagen (1598–1604), Danzig (1601–09), Augsburg (1602–07), Warschau (1638), Graz (1642–44), Amsterdam (1656) und weitere mehr. In und mit diesen Bauwerken drückte sich das Selbstverständnis des Gemeinwesens und der Blick auf die eigene Vergangenheit aus. Zu den rein technischen Funktionen kam eine quasi museale. Um die beabsichtigte positive Wirkung nach innen und nach außen zu entfalten, waren anspruchsvolle Zeughausbauten öffentlich und wurden interessierten Fremden gezeigt. Im 18. Jahrhundert rückte das Zeughaus sogar in das Besuchsprogramm für ausländische Potentaten auf, aus Gründen der Repräsentation und offen-

An armoury is a place for storing weapons, a house for the artillery. As a result of the developments in the categories and construction methods of weapons during the sixteenth century, an arsenal also became a showplace and treasury for pieces of booty, taken from the conquered in military conflicts, further increasing the glory of the victory. The German word Zeughaus also shows an etymological connection to words meaning 'to make, to manufacture'. In the eighteenth century, the Berlin Armoury, which was constructed from 1695 to 1729, was usually described by the loanword 'arsenal'. This was a certain assertion of superiority vis-à-vis other arsenals – at least to those which had previously been built in Germany. The word 'arsenal' was introduced into most European languages via Italy, but its origin is Arabic. Here, the idea of creative production is even more obvious: 'dār aṣ-ṣinā ʿa' means factory or shipyard and the last part of the word has connotations of art, profession and trade.

In 1734, in the most comprehensive lexicon of the eighteenth century, Johann Heinrich Zedler described an armoury as a "pleasant place, which is dedicated to both the manufacture and preservation of such objects which are used for attacking and also protecting a location". (vol. II, p. 1188 ff.) In the sixteenth century, buildings of the armoury type were elevated to the status of representative architecture and were designed by prominent architects. Sometimes, these were extremely impressive buildings: Paris (after 1512), Ulm (1522), Dresden (1559–63), Nuremberg (1588), Copenhagen (1598–1604), Danzig (1601–09), Augsburg (1602–07), Warsaw (1638), Graz (1642–44), Amsterdam (1656) and many others. In, and through, these buildings the community gave expression to its national identity and vision of its own history. A quasi-museum function was added to the purely technical features. In order to create a positive impression both at home and abroad, sophisticated armouries were open to the public and shown to interested foreigners. In the eighteenth century, the Armoury was even included in the official visit programme for foreign potentates, obviously for reasons of representation and clearly without any concerns about military secrecy. There is documentation that Tsar Peter the Great visited the Berlin Armoury on two occasions – even

01

bar ohne Sorge um die militärische Geheimhaltung. Zwei Besuche des Zaren Peter der Große sind im Berliner Zeughaus belegt, sogar noch lange bevor der Bau als vollendet gelten konnte. Die zeitgenössischen Einlassbedingungen für das Zeughaus orientierten sich im Wesentlichen im Rahmen dessen, was für die fürstlichen und städtischen Sammlungen galt.

All diese Charakteristika treffen für das Berliner Zeughaus in besonderem Maße zu. Architekturgeschichtlich und kunsthistorisch ist es der qualitätvollste Beitrag zu dieser Bauaufgabe im 18. Jahrhundert in Deutschland und in Europa. Die herausragenden künstlerischen Qualitäten erkannten bereits die Zeitgenossen. Der weltgewandte englische Botschafter in Berlin, Thomas Wentworth, Lord Raby, meldete schon 1708 nach London: »in deed very fine«. »Ein Muster eines zierlich gebauten Zeug-Hauses ist das Berlinische«, bemerkte Johann Heinrich Zedler in seinem erwähnten »Grossen Vollständigen Universal Lexicon« 1734. (Band II, S. 1189).

Seit der Vollendung der Hauptfassade 1706 erlebte der Bau eine fast durchgängig erfolgreiche Rezeptionsgeschichte, die bis 1945 anhielt. Für Karl Friedrich Schinkel, wahrscheinlich der einzige Architekt, der bis zum Beginn der Moderne der Berliner Baukultur ein wirklich internationales Renomée verschaffen konnte, gab es in der Stadt Berlin zu Beginn des 19. Jahrhunderts überhaupt nur zwei Bauten, die internationalen Standards standhielten. Es waren das Berliner Schloss und das Zeughaus. Es erstaunt heute, dass

before construction was completed. The conditions for admission to the Armoury were similar to those for the other royal and civic collections.

All of these characteristics apply particularly to the Berlin Armoury. From the aspect of architecture and art history, it is the eighteenth century's most important contribution to this form of building in Germany and Europe. The contemporaries were already aware of its outstanding artistic qualities. As early as in 1708, the urbane English Ambassador to Berlin, Thomas Wentworth, Lord Raby, reported to London that it was "in deed very fine". In his *Great Complete Universal Lexicon* of 1734, Johann Heinrich Zedler noted that "the one in Berlin is a model of a finely built armoury". (vol. II, p. 1189)

Following the completion of its main façade in 1706, the building was the object of an almost continuous positive reception lasting until 1945. For Karl Friedrich Schinkel, probably the only architect with a genuine international reputation before the beginning of modern Berlin architecture, there were only two buildings In Berlin which could stand comparison with international standards. These were the Berlin Castle and the Armoury. It seems surprising today that the leading classical architect in Europe was capable of making such a farsighted judgement on two buildings which spoke the language of the European Baroque at the transition from the seventeenth to the eighteenth century, an era which must have seemed long gone to Schinkel. The Castle

02

01_ Blick auf das Kronprinzenpalais und das Königliche Schloss Berlin von der Neuen Wache aus, 1849;
Eduard Gaertner, Hamburger Kunsthalle / View of
the Crown Prince's Palace and the Royal Castle in Berlin
from the Neue Wache (New Guardhouse), 1849;
Eduard Gaertner, Hamburger Kunsthalle

02_ Bildnis Friedrich I., König in Preußen auf dem silber-
nen Thron; 1713, Antoine Pesne, Potsdam, Stiftung
Preußische Schlösser und Gärten Berlin-Brandenburg /
King Frederick I of Prussia on the silver throne, 1713;
Antoine Pesne, Potsdam, Stiftung Preußische Schlösser
und Gärten Berlin-Brandenburg

03_ Ansicht der Zeughausfassade, 1695; Johann
Arnold Nering, Berliner Stadtbibliothek / View of the
Armoury facade, 1695; Johann Arnold Nering, Berliner
Stadtbibliothek

16

einer der führenden klassizistischen Architekten Europas
zu einem derartig weitsichtigen Urteil über zwei Gebäude
des europäischen Barock an der Wende vom 17. zum 18. Jahrhundert kam, eines Stils, der für Schinkel längst Vergangenheit gewesen sein musste. Schloss und Zeughaus bildeten
eine Einheit und markierten den Beginn des Aufstiegs
Preußens zu einer souveränen Macht. Dieser Staat Preußen,
für den das Berliner Zeughaus ein wichtiges Staatssymbol
war, ist nach einem alliierten Kontrollratsbefehl 1947 auf-
gelöst worden. Es sei der preußische Militarismus gewesen,
der das Unglück des deutschen Faschismus über die Welt
gebracht habe. In dieser Denkweise fast folgerichtig, wenn
auch ein Akt der Barbarei, wurde das Berliner Schloss auf
Befehl der DDR-Regierung 1950 gesprengt. Seltsamerweise
ist das Zeughaus, das dem preußischen Militärfiskus
bis zur Auflösung des Staates unterstand, diesem Schicksal
entgangen.

Das Berliner Zeughaus propagiert mit den Mitteln der
Kunst ein angesichts der Ausgangslage völlig vermessenes
Projekt: den Anspruch des Kurfürstentums Brandenburg
und seit dem 18. Januar 1701 des Königreichs Preußen auf
Gleichberechtigung mit den souveränen Staaten Europas
und damit auf Mitsprache in den europäischen Dingen. Für
dieses Ziel bedurfte es nicht nur Kanonen und Kredits. Es

and Armoury form a unified whole and stand at the beginning of Prussia's rise to becoming a sovereign power. This
Prussian state, for which the Armoury was an important status symbol, was dissolved upon orders of the Allied Control
Commission in 1947. It had been Prussian militarism which
brought the tragedy of German fascism upon the world. In
keeping with this mindset, it is logical – although barbaric –
that the government of the GDR ordered that the Castle
be blown up in 1950. It is, however, strange that the Armoury,
which had been under the control of the Prussian military
almost until the country's dissolution, escaped this destiny.

The Berlin Armoury propagated, through art, an absolutely presumptuous idea in view of the initial situation:
the claim of the Electorate Brandenburg and, after 18 January
1701, the Kingdom of Prussia to be treated as equal to the
sovereign states of Europe and have a say in European affairs.
Not only cannons and loans were needed to reach this goal.
Continuing persuasion, an increase in attractiveness, a
leap in standards and the generally accepted proof that one
was really a player in the international field were all necessary.
How laborious this path was, but how doggedly the goal
was followed, can perhaps be seen in the 34 years (1695–
1729) taken to construct the Armoury. Three generations of
regents and four architects (Johann Arnold Nering (1695),

bedurfte einer kontinuierlichen Überzeugungsarbeit, einer Attraktivitätssteigerung, eines Niveausprungs und des allgemein akzeptierten Nachweises, dass man tatsächlich im überregionalen Rahmen mithalten konnte. Wie mühselig der Weg war, aber auch wie konsequent dieses Ziel verfolgt wurde, belegt vielleicht auch die 34-jährige Bauzeit (1695–1729) des Zeughauses. Es bedurfte dreier Herrschergenerationen und vierer Architekten (Johann Arnold Nering (1695), Martin Grünberg (als Bauleiter 1695–1698), Andreas Schlüter (1698/99) und Jean de Bodt (1699 ff), bis der Bau wirklich vollendet war. Militärisch war das Berliner Zeughaus nur in der Zeit der Planungsphase von einiger Bedeutung. Als es endlich fertig gestellt war, hatte es seinen strategischen Nutzen weitgehend eingebüßt.

Die Absicht, in Berlin ein repräsentatives Zeughaus zu errichten, wurde erstmals 1667 im politischen Testament Kurfürst Friedrich Wilhelms (1620–1688), des Großen Kurfürsten, formuliert. Am 18. Juni 1675 schlug die Brandenburgische Kavallerie (und Artillerie) in der Schlacht von Fehrbellin die schwedische Armee, die bis auf 50 Kilometer an die Hauptstadt Berlin herangekommen war. Aus der europäischen Perspektive wurde das mit einigem Erstaunen wahrgenommen. Aus regionaler Sicht war der Landesherr fortan der »Große Kurfürst«. Er hatte es geschafft, die Invasion der seit drei Generationen als unbesiegbar geltenden Militärmacht im Norden, Schweden, abzuwenden. Brandenburg war in den Status einer Auxiliarmacht im europäischen Mächtespiel aufgerückt – nicht mehr und nicht weniger.

1678 wurde die Bauabsicht für ein Zeughaus in Berlin konkret. 1683 berichtete der spätere Hofkammerpräsident Dodo von Inn- und Knypphausen, dass er ein Holzmodell des Zeughauses gesehen habe: zur Ausrüstung von 50.000 Mann und für 600 Kanonen. Schon an diesen Zahlen wird der Ehrgeiz des Projektes deutlich. Zwar war Brandenburg unter dem Großen Kurfürsten führend bei der Aufstellung eines stehenden Heeres gewesen. Aber der Unterhalt einer derartigen Streitmacht in Friedenszeiten war bei den Möglichkeiten des Landes im Jahr 1683 wohl eher noch Ziel als Tatsache. Auf das Projekt eines Zeughausbaues muss man sich intensiv vorbereitet haben. Über das Aussehen auswärtiger Zeughäuser legte man eine Plansammlung an. Bis 1945 waren davon noch die Pläne der Zeughäuser von Danzig, Wolfenbüttel, Memel und Warschau in der Preußischen Staatsbibliothek vorhanden. Auch innerhalb des sorgfältigen und vorbildlichen Ausbaus der kurfürstlichen Bibliothek bildeten kunst- und architekturtheoretische Schriften

Martin Grünberg (chief builder 1695–98), Andreas Schlüter (1698–99) and Jean de Bodt (from 1699) passed by before the building was finally completed. From a military point of view, the Berlin Armoury was only of interest in its planning phase. At the time of its completion, its strategic use had been largely renounced.

The plan to erect a representative armoury in Berlin was formulated for the first time in 1667 in the political testament of the Great Elector Frederick William (1620–88). On 18 June 1675, the Brandenburg cavalry (and artillery) had defeated the Swedish army, which had come to within 50 kilometres of the capital of Berlin, in the Battle of Fehrbellin. From the European perspective, this was seen as a most astounding occurrence. From the regional perspective, the sovereign was regarded as the 'Great Elector' from that day on. He had managed to repel the invaders from the north, from Sweden, who had been regarded as invincible for three generations. There were no two ways about it: Brandenburg had been promoted to the status of an auxiliary force in the European power sphere.

In 1678, the plans for building an armoury in Berlin become more concrete. In 1683, the later president of the court treasury, Dodo von Inn- und Knypphausen, reported that he had seen a wooden model of the armoury: for equipping 50,000 men and storing 600 cannons. These very numbers make the ambition of the project obvious. Under the Great Elector, Brandenburg was the leader in the number of soldiers permanently under arms. However, the upkeep of such a large army in times of peace was more a project than a reality when one considers the possibilities of the country in 1683. Extensive preparations were required for the accomplishment of the Armoury project. A collection of plans of foreign armouries was assembled. The plans of the armouries in Danzig, Wolfenbüttel, Memel and Warsaw could be found in the Prussian State Library until 1945. Works on art and architectural theory formed a major portion of the purchases made for the meticulous and exemplary expansion of the Prince Elector's library. In 1688, Nicodemus Tessin, the Swedish King's architect, reported from Berlin that a new armoury costing 100,000 reichsthaler had been announced. He also named the architect – Johann Arnold Nering – only to denigrate him at the same time. In 1691, the location was settled. It was justified by the technical and functional requirements of such an armoury in relationship to the Berlin fortifications. However, urban-planning reasons were equally important. The future armoury should be

einen Ankaufsschwerpunkt. 1688 berichtete der Architekt des schwedischen Königs, Nicodemus Tessin aus Berlin, dass ein neues Zeughaus gerade für 100.000 Reichstaler ausgeschrieben worden sei. Er nennt auch den Namen des Architekten, Johann Arnold Nering, um ihn sogleich abzuqualifizieren. 1691 stand der Standort fest. Er war mit den technischen und funktionalen Notwendigkeiten eines solchen Zeughauses im Verhältnis zur Berliner Befestigung begründet. Aber mindestens ebenso wichtig war das städtebauliche Umfeld. Das künftige Zeughaus sollte überaus prominent am Anfang der Magistrale Unter den Linden liegen und den wichtigsten architektonischen Auftakt beim Eintritt in den Schlossbezirk der Hohenzollern bilden.

Die ersten überlieferten Pläne stammen von Johann Arnold Nering (1659–1695), der seit 1691 Chef des brandenburgischen Bauwesens war. Dem begabten Architekten hatten seine beiden kurfürstlichen Herren, Kurfürst Friedrich Wilhelm und Kurfürst Friedrich III. (1657–1713) großzügige Reisestipendien zu Bildungszwecken gewährt. Nering hatte sich dabei einen Überblick über die damals wichtigsten Kunstzentren Europas verschafft, den er nun in der brandenburgischen Residenzstadt Berlin fruchtbar zu machen begann. 1695 wurde im Rahmen einer feierlichen Zeremonie der Grundstein zum Berliner Zeughaus gelegt. Dass man diesen Anlass sehr erst nahm, zeigt die eigens geschlagene Medaille. Mit diesem damals aktuellen und gleichzeitig durch die antike Vorbildtradition geadelten Medium moderner Regierungspropaganda sollte das Ereignis dauerhaft in der öffentlichen Erinnerung bleiben. Noch im Jahr der Grundsteinlegung, am 21.10.1695, starb Johann Arnold Nering mit 36 Jahren. Kurfürst Friedrich III. betrauerte seinen wichtigsten Architekten. Denn schon zu diesem Zeitpunkt hatte man begonnen, mit den Mitteln der Kunst einen hochfliegenden Anspruch zu formulieren. Noch bevor die diplomatischen Verhandlungen über die »Dignitätsfrage«, also der Versuch, die kurfürstliche zur königlichen Würde aufzuwerten, wirklich begannen, sollte das wichtigste politische Ziel Kurfürst Friedrichs III. auf allen kulturellen Feldern untermauert werden. Es ging um den Versuch, ein neues Königreich in Europa zu schaffen, es ging um die Krone Preußens und damit um die politische Souveränität.

Hochqualifizierte Künstler lassen sich nicht herbeibefehlen. Man weiß, dass Kurfürst Friedrich III. eine ganze Reihe von Versuchen unternahm, bereits international anerkannte Architekten nach Berlin zu ziehen – erfolglos. Die Stadt war bei allen neuen Ansätzen noch nicht attraktiv

located prominently at the beginning of the Unter den Linden boulevard and act as the most important architectural curtain-raiser to the entrance to the Hohenzollern palace district.

The earliest surviving plans were drawn up by Johann Arnold Nering (1659–95), who had been head of construction in Brandenburg since 1691. His princely sponsors Prince Elector Frederick William and Prince Elector Frederick III (1657–1713) had given the gifted architect generous travel grants for studying abroad. In this way, Nering obtained an overview of the most important European artistic centres of the period which now began to bear fruit in the Brandenburg residence city of Berlin. The Armoury's foundation stone was laid in a solemn ceremony held in 1695. A specially-minted medal shows just how important this event was. This medium of government propaganda – both modern and, at the same time, paying tribute to ancient models – was used to keep the event permanently in the public's mind. Nering died in 1695 – the year of the laying of the foundation stone for the armoury – at the age of 36. Elector Frederick III mourned the loss of his most important architect. At this time, Brandenburg started to lay its ambitious claims using artistic means. Even before the beginning of diplomatic negotiations on the 'dignity question' – the attempt to elevate the status of the Prince Elector to that of a King – it was intended that this most important political goal of Prince Elector Frederick III be substantiated on all cultural levels. Here, we are dealing with endeavours to create a new kingdom in Europe; we are dealing with the Prussian crown and, therefore, political sovereignty. Highly-qualified artists cannot be merely summoned. It is known that Prince Elector Frederick III made a long series of attempts to attract internationally famous architects to Berlin – without success. In spite of all the promising new developments, the city was not attractive enough. However, in retrospect, reverting to less prominent architects without any international reputation proved to be a stroke of luck. In 1694, Andreas Schlüter (1659–1714) came from Warsaw. He would develop into the most talented sculptor-architect of the Baroque period in the north. In 1699, Johann Friedrich Eosander von Göthe (1669–1728) followed from Sweden and Jean de Bodt (1670–1745) from England. All three were expected to bring the building activities of the first Prussian King up to European standards.

In 1698, Andreas Schlüter began restructuring the elector's residence into royal palace at an internationally pre-

genug. Der Rückgriff auf die zweite Wahl, auf Architekten, die noch keinen überregionalen Ruf hatten, erwies sich jedoch im Nachhinein als ein Glücksfall. 1694 kam Andreas Schlüter (1659–1714) aus Warschau. Er würde sich zum begabtesten Bildhauer-Architekten des Barock im Norden entwickeln. 1699 folgten Johann Friedrich Eosander von Göthe (1669–1728) aus Schweden und Jean de Bodt (1670–1745) aus England. Alle drei sollten die Bauunternehmungen des ersten preußischen Königs zu europäischem Standard führen.

1698 begann Andreas Schlüter den Umbau der kurfürstlichen Residenz zu einem Königsschloss auf international vorzeigbarem Niveau. Auch der Weiterbau des Zeughauses wurde ihm übertragen. Seine Planänderungen sind nur mittelbar und ungefähr überkommen. Es ist aber sicher, dass dadurch die barocke Bauplastik erheblich aufgewertet werden sollte. Am 5. August 1699 stürzten zwei Joche des wahrscheinlich schon bis an die Attika ausgeführten Zeughauses ein, nachdem bereits ein Jahr zuvor statische und konstruktive Schwierigkeiten aufgetreten waren. Danach muss ein Planungsauftrag an denjenigen Architekten ergangen sein, der dem Berliner Zeughaus seine endgültige und weitgehend erhaltene äußere Form gab: Jean de Bodt. Der damals knapp Dreißigjährige erhielt wahrscheinlich am 1. Juli 1699 offiziell die Stelle eines Kapitäns in der brandenburgischen Leibgarde. Zuvor hatte er dreizehn Jahre als Ingenieuroffizier in den Diensten des Generalstatthalters der Niederlande und seit 1689 englischen Königs Wilhelm III. von Oranien gestanden. Dieser Kapitän »John Bodt« ist in den Unterlagen

sentable level. He was also commissioned with continuing the construction of the Armoury. The changes he made to the plans have only been indirectly and roughly preserved. However, it is certain that, through this, the baroque sculptures were to be upgraded significantly. On 5 August 1699, two bays of the Armoury, which was probably already constructed to the attic storey, collapsed after problems with the statics and construction had become apparent in the previous year. Following this, the planning commission must have been passed on to the architect who gave the Berlin Armoury its final, almost completely preserved, appearance: Jean de Bodt. It seems that he officially received the position of captain in the Brandenburg royal guard on 1 July 1699 – at the age of barely 30 years. He had previously spent 13 years as an engineering officer in the service of the general governor of the Netherlands and, since 1698, English King William III of Orange. This Captain 'John Bodt' is frequently mentioned in the chronicles of the English War Office archives. He had taken part in all important battles between the Glorious Revolution (1688) and the Peace of Rijswijk (1697). He played no role as a civilian architect although, during his lifetime, there were repeated reports of plans for Whitehall Castle and the Chelsea Invalid Home. It seems amazing that, shortly after his arrival in Berlin, Jean de Bodt was immediately granted the most important architectural commission, apart from the reconstruction of the Berlin Castle, that the Electorate had to offer. The Huguenot, who had been born in Paris, remained faithful to the conceptions of architecture and artistic matters which had been conveyed to him during

04_ Bildnis Jean de Bodt, 1729; Louis de Silvestre, Dresden, Staatliche Kunstsammlungen, Gemäldegalerie Alte Meister / Portrait of Jean de Bodt, 1729; Louis de Silvestre, Dresden, Staatliche Kunstsammlungen, Old Master Picture Gallery

05_ Ansicht der Hauptfassade und Schnitt des Berliner Zeughauses mit Innenhoffassade, Erster Entwurf, 1699/1700; Jean de Bodt, Berliner Stadtbibliothek / View of the main façade and cross-section of the Berlin Armoury with the façade of the inner courtyard, first draft, 1699; Jean de Bodt, Berliner Stadtbibliothek

06_ Grundriss des Berliner Zeughauses, 1700; Jean de Bodt, aus: „Plans de l'Arsenal de Berlin et des Ecuries de S. M. le Roy" Berliner Stadtbibliothek /Ground plan of the Berlin Armoury, 1700; Jean de Bodt, Berliner Stadtbibliothek

04

des englischen Kriegsarchivs kontinuierlich verzeichnet. Er hatte an allen wichtigen Schlachten zwischen der Glorious Revolution (1688) und dem Frieden von Rijswijk (1697) teilgenommen. Als Zivilarchitekt war er nicht in Erscheinung getreten, wenngleich schon zu seinen Lebzeiten immer wieder von den Entwürfen für das Schloss Whitehall und das Invalidenhaus in Chelsea die Rede war. So bleibt die erstaunliche Tatsache, dass Jean de Bodt kurz nach seiner Ankunft in Berlin und ohne ein vorzeigbares Referenzprojekt den neben dem Neubau des Berliner Schlosses wichtigsten Architekturauftrag erhielt, den das Kurfürstentum zu vergeben hatte. Der in Paris geborene Hugenotte hielt zeitlebens an der Architektur- und Kunstauffassung fest, die ihm sein frühes Studium an der ersten Architekturakademie Europas, der Académie Royale d'Architecture unter seinem Gründungsdirektor François Blondel vermittelt hatte. Sein stilistischer Fixpunkt war und blieb die Architektur des französischen *Grand Siècle*, des Barockklassizismus unter Ludwig XIV. Der Sonnenkönig und seine Regierungen hatten es geschafft, ganz Europa zu beeindrucken, und zwar eben nicht nur durch Raubkriege. Auf eigentlich allen Gebieten hatte Frankreich die europäische Führungsrolle zwischen Traditionsbildung und Modernisierung übernommen und eine Zeit lang war die europäische Öffentlichkeit bereit zu glauben, dass der absolute Monarch von Gottes Gnaden Garant

his early studies at the Académie Royale d'Architecture, the first architecture academy in Europe, under its founding director, François Blondel, throughout his life. His stylistic point of reference was, and remained, the architecture of the French *grand siècle*, the classicistic Baroque style during the reign of Louis XIV. The Sun King and his governments had managed to impress the whole of Europe – not only through their rapacious wars. France had actually taken on the leading role in all areas in Europe between tradition and modernisation and, for a while, the European public was prepared to believe that this absolute monarch, by the grace of God, was a guarantee for the most just of human orders. In 1699, Jean de Bodt's new master, 'His Electoral Highness of Brandenburg', had almost reached the goal of his politics: the majesty of the crown and, with it, its own sovereignty. It is clear that Jean de Bodt was also particularly welcome to Frederick III as the architect had hands-on experience with the methods of the French King for creating esteem and respect, both at home and abroad, through modernisation campaigns. Among all German princes of the realm, this first King of Prussia (following his self-coronation in Königsberg – today, Kaliningrad – on 18 January 1701) was the one who most intensively took an interest in these modern methods of government. In his dealings with the architecture of Berlin, Jean de Bodt slowly brought about the change

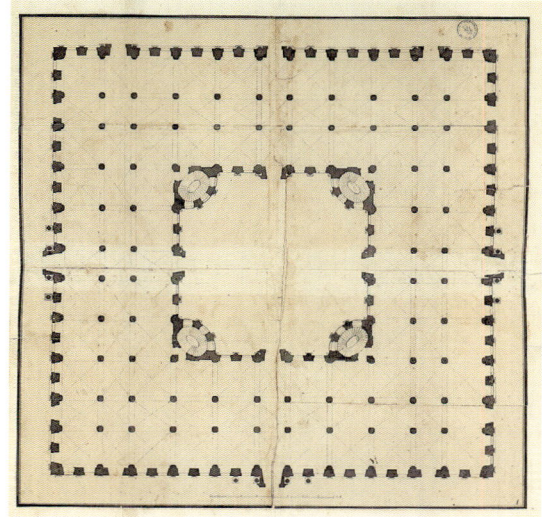

05

06

für die gerechteste menschliche Ordnung sei. 1699 stand Jean de Bodts neuer Herr, »Seine Kurfürstliche Durchlaucht von Brandenburg« kurz vor dem eigentlichen Ziel seiner Politik: die Majestät der Krone und mit ihr die eigene Souveränität.

Für Friedrich III. war Jean de Bodt sicherlich auch deswegen willkommen, da der Architekt aus eigener Anschauung die Methoden des französischen Königs kannte, durch Modernisierungsoffensiven Aufsehen zu erregen und sich Ansehen und Respekt nach innen und nach außen zu verschaffen. Von allen deutschen Reichsfürsten hat sich der seit seiner Selbstkrönung in Königsberg am 18. Januar 1701 erste König in Preußen am intensivsten mit diesen neuartigen Methoden der Regierungskunst befasst.

Auf die Berliner Architektur bezogen, bewirkte Jean de Bodt den langsamen Wechsel von den hochbarocken Vorbildern Roms zur Akademieklassik des Sonnenkönigs und damit zu einer zukunftsweisenden »Moderne«. Es mag nach heutiger Vorstellung völlig vermessen klingen, aber mit dem Berliner Zeughaus erhob der erste König in Preußen den Anspruch auf Ranggleichheit mit dem damals mächtigsten Monarchen Europas, mit Ludwig XIV. Die formale und damit inhaltliche Akzentverschiebung lässt sich im Fall des Zeughauses ausnahmsweise recht gut nachvollziehen, nachdem die Folgen des Zweiten Weltkrieges verheerende Lücken in die Sammlungen von historischen Architekturplänen in Deutschland gerissen haben. Ein ganzer Plansatz von Jean de Bodt zum Berliner Zeughaus hat sich durch Zufälle bis heute erhalten. Die Zeichentechnik der Pläne verweist nach

from Roman high-baroque models towards the academic classicism of the Sun King, to a form of forward-looking "modernism". Even though it might seem presumptuous, from today's standpoint, with the Berlin Armoury, the first King of Prussia laid his claim on being treated as equal to the most powerful European monarch of the time: Louis XIV. It is exceptional that the shift in emphasis, in both form and content, are easily traced when dealing with the Armoury, seeing that, in the aftermath of the Second World War, devastating gaps were torn in the collections of historical architectural plans in Germany. A complete set of Jean de Bodt's plans for the Berlin Armoury has been preserved, by chance, to this very day. The drawing technique of the plans points towards France, but goes much beyond the normal standard of the Paris Académie. These plans must be included among the most beautiful European architectural drawings from the beginning of the eighteenth century.

The first change in the plans for the Berlin Armoury, introduced by Jean de Bodt, affected the north wing following the partial collapse of the shell. The building's northern access, in the form of an exedra – a semi-circular apse-like construction as well as a concave-convex facade and the complicated spheroid, forward-springing vault, resulting from this, which had been foreseen in Johann Arnold Nering's plans were, quite simply, beyond the technical possibilities of the Berlin of the time. Therefore, recommendations were made for a quadratic construction. Access should be provided by four oval staircases in the corners of the inner courtyard. This was a motif which had become familiar

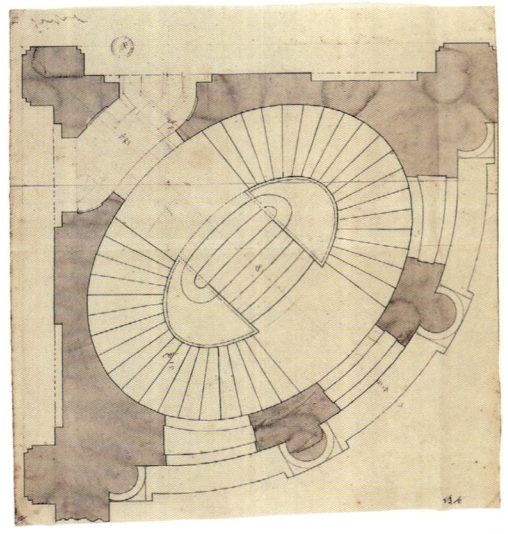

07

08

Frankreich, geht aber sogar noch über das durchschnittliche Niveau der Pariser Akademie hinaus. Diese Pläne gehören zu den schönsten Architektenzeichnungen vom Anfang des 18. Jahrhunderts.

Die erste Änderung für die Planung des Berliner Zeughauses, die Jean de Bodt einführte, dürfte nach dem Teileinsturz des Rohbaus die am Nordflügel gewesen sein. Die von Johann Arnold Nering hier vorgesehene anspruchsvolle nördliche Erschließungsanlage in Form einer Exedra, d.h. eines halbrunden Gebäudeabschlusses, sowie eine konkavkonvex schwingende Fassade und die daraus resultierenden komplizierten, mehrfach sphäroid verzogenen Gewölbe waren im Berlin jener Jahre technisch einfach nicht herzustellen. So wurde ein rein quadratisches Gebäude vorgeschlagen. Die Erschließung sollte in den Ecken des Innenhofs mittels vierer ovaler Treppenhäuser erfolgen. Das war ein Motiv, das der Hofarchitekt des Papstes, Gianlorenzo Bernini in seinen Planungen für den Louvre in Paris bekannt gemacht hatte. Solche ovalen Treppenläufe waren im damaligen Berlin ein absolutes Novum. Auf diesen Grundriss ist ein Fassadenaufriss Jean de Bodts bezogen. Er muss noch 1699 entstanden sein, da die Heraldik der Wappen sich auf den Kurfürsten von Brandenburg und noch nicht auf den König in Preußen bezieht. Mit Übernahme der hohen Attika ist dieser Entwurf als Rücksichtnahme auf den nach fünf Jahren erreichten Bauzustand zu bezeichnen.

1701, nach der Krönung des Kurfürsten, standen die nächsten Pläne Jean de Bodts fest und sind im Wesentlichen auch umgesetzt worden. Dem Architekten gelang das

through the plans which the papal court architect Gianlorenzo Bernini had made for the Louvre in Paris. Staircases such as these were absolute novelties in Berlin at that time. Jean de Bodt's elevation was applied to this ground plan. It must have been produced around 1699, seeing that the heraldry signifies the Elector of Brandenburg and not the King of Prussia. The inclusion of the high attic storey must be seen as a concession to the state of the building after five years of construction.

In 1701, following the Elector's coronation, Jean de Bodt's plans were finalised and essentially carried out. The architect even managed to reshape the existing condition to give a completely different impression, using very few means. The entire décor of the façades are much more appropriate for a palace than a utility building. With their proportions, the strongly hierarchical relationship of all sections between each other and the whole, they follow the rules of the *bienséance* – the demand for the appropriateness of all forms, inherited from ancient times and humanism – as propagated by the Paris Académie. The refined, rational and elegant layered linearity of the wall surfaces were used to create an elegant picture, pointing far into the French-dominated Rococo period and, even beyond it, into early Classicism.

The originally planned, high attic storey, based on the architecture of ancient triumphal arches, was replaced by a balustrade and flat roof. Considering the climatic conditions in the north, building a sloping, flat roof which could barely be noticed was an act of constructional mastery as had previously been demonstrated by the architects of the

Kunststück, mit wenigen Mitteln den vorhandenen Bestand zu einem ganz anderen Eindruck umzugestalten. Das gesamte Dekorum der Fassaden steht noch mehr für einen Palast als für ein Nutzgebäude. Mit ihren Proportionen, dem streng hierarchischen Verhältnis aller Teile untereinander und zum Ganzen halten sich die Zeughausfassaden an die Regeln der *bienséance,* also der aus Antike und Humanismus übernommenen Forderung nach der Angemessenheit aller Formen, wie sie auch die Pariser Akademie propagierte. Mit dem feinen, rationalen und elegant abgestuften Lineament der Wandschichtungen wurde hier eine raffinierte Gestaltung vorgeführt, die weit bis ins französisch geprägte Rokoko und sogar bis in die Frühklassik verwies.

Die ursprünglich geplante, aus der antiken Triumphbogenarchitektur entlehnte hohe Attika wurde durch eine Balustrade und ein flaches Dach ersetzt. Die bautechnische Meisterschaft, ein flachgeneigtes Dach unter den Wetterbedingungen des Nordens zu errichten und damit optisch kaum in Erscheinung treten zu lassen, hatten die Architekten des Sonnenkönigs sowohl mit dem Louvre in Paris als auch mit dem Schloss von Versailles bewiesen. Eine Balustrade, hinter der das Dach nicht in Erscheinung tritt, hatte danach eine »königliche« Bedeutung. Es war ein Kunstgriff, mit dem die französischen Architekten im regenreichen Pariser Becken ästhetisch mit der mediterranen klassischen Antike Roms gleichziehen wollten. Die deutlichste Anspielung auf die Architektur Ludwig XIV. ist am Berliner Zeughaus jedoch die Gestaltung des Hauptportals. Hier stand die Ostfassade des Louvre in Paris von Claude Perrault Pate. Der Hauptein-

Sun King in the Louvre and the Palace of Versailles. From this time on, a balustrade, behind which the roof cannot be seen, took on a 'royal' significance. It was a ruse which the architects in the rainy Parisian basin had used in their attempts to aesthetically match the classical architecture of Mediterranean ancient Rome. The most obvious allusion to the architecture of Louis XIV in the Berlin Armoury is the decoration of the main portal. This was inspired by Claude Perrault's east façade for the Louvre in Paris. The main entrance to the cannon storehouse of the King of Prussia – who was still not universally recognised – made reference to the palace architecture of the Louvre.

07_ Grundriss für ein Treppenhaus im Hof des Berliner Zeughauses, um 1700; Jean de Bodt, Berliner Stadtbibliothek / Ground plan of a staircase in the courtyard of the Berlin Armoury, around 1700; Jean de Bodt, Berliner Stadtbibliothek

08_ Fassadenansicht des nördlichen Treppenhauses im Zeughaushof, 1710; Jean de Bodt, aus: „Plans de l'Arsenal de Berlin et des Ecuries de S.M. le Roy" Berliner Stadtbibliothek / View of the northern staircase in the armoury courtyard, 1710; Jean de Bodt, from: "Plans de l'Arsenal de Berlin et des Ecuries de S.M. le Roy", Berliner Stadtbibliothek

09_ Hauptfassade des Berliner Zeughauses, Dritter Entwurf, 1700/01, Jean de Bodt, Berliner Stadtbibliothek / Main façade of the Berlin Armoury, third draft, 1700/01, Jean de Bodt, Berliner Stadtbibliothek

10_ Ansicht der Nordfassade des Berliner Zeughauses, Zweiter Entwurf, 1700; Jean de Bodt, Berliner Stadtbibliothek / View of the north façade of the Berlin Armoury, second draft, 1700; Jean de Bodt, Berliner Stadtbibliothek

11_ Die Ostfassade des Louvre nach Entwürfen Claude Perraults, in: Mariette, Jean, (Hrsg.) L'architecture française, Paris 1727 ff. / The east façade of the Louvre after plans by Claude Perrault, from: Mariette, Jean, (ed.) L'architecture française, Paris 1727 ff

10

24

gang in das Kanonenlager des längst noch nicht überall anerkannten Königs von Preußen zitierte die Palastarchitektur des Louvre, der traditionellen Stadtresidenz der allerchristlichsten Könige von Frankreich.

Die Risalite der Zeughausfassaden haben auch die Eigenschaft, wie ein Sockelgerüst für die darüber aufgestellten Skulpturengruppen zu wirken. Auch dies war ein Gestaltungselement der französischen Architektur nicht nur unter Ludwig XIV., mit einem reichen Skulpturenprogramm einen Bau zu »erklären«. Die Plastiken auf der Dachbalustrade müssen im damaligen Berlin, in dem jedes Rohmaterial für Bildhauer mühsam aus dem Kurfürstentum Sachsen importiert werden musste, am allererstaunlichsten gewirkt haben. Diese Massierung von Dachplastiken verweist direkt auf das Schloss von Versailles. In ihrer Monumentalität und absoluten Größe von bis zu fünf Metern gehen sie in Berlin sogar noch über das Versailler Vorbild hinaus. Es war allgemein bekannt, dass auch die hochberühmte Kolonnade des Ostflügels des Louvre nach den Plänen von Claude Perrault mit aufwändigen Trophäen und Figurengruppen geschmückt werden sollte, bis Ludwig XIV. die dortigen Arbeiten einstellen ließ. Der Louvre wie das Zeughaus bildeten eine Vierflügelanlage, eine *cour carré* und variierten damit eine für verbindlich erachtete Palastbautradition. Erst der stupende Erfolg des Schlosses von Versailles etablierte die Dreiflügelanlage als zweite Möglichkeit, wie dem Ideal des fürstlichen Herrschers von Gottes Gnaden angemessen baulicher Ausdruck gegeben werden konnte. Ein letzter Bezug zum Louvre sind die vier großen allegorischen Figuren, Freiplastiken, die

The risalites on the Armoury façade also have the characteristic of appearing to be a pedestal for the sculptural groups above them. Using elaborate sculptural decoration to 'explain' a building was also an ornamental element of French architecture, not only in the period of Louis XIV. The statues on the roof balustrade must have appeared most remarkable in the Berlin of that time, where all raw materials for sculptors had to be imported, at great pains, from the Electorate of Saxony. The profusion of sculptures on the roofs also points directly to Versailles as the model. In their monumentality, and sheer size of up to five metres in height, the Berlin sculptures far surpass their Versailles models. It was generally known that, until Louis XIV halted construction, Claude Perrault's plans for the world-famous colonnade on the east wing of the Louvre envisaged this being decorated with trophies and groups of figures. The Louvre, and the Berlin Armoury, form a four-winged complex – a *cour carré* – a variation on an acknowledged tradition for palace construction. It was not until the stupendous success of the Palace of Versailles that a three-wing complex was established as a second possibility of giving expression to ideals of a royal ruler by the grace of God. One final connection to the Louvre are the four, large, allegorical figures standing on individual pedestals in front of the main entrance to the Armoury. According to Perrault's plans, it was intended that the main entrance to the Louvre be distinguished in a similar manner.

In his first plans for the Berlin Armoury, Johann Arnold Nering had already foreseen the opulent use of sculpture.

auf eigenen Sockeln vor den Haupteingang des Zeughauses gestellt sind. Auf ganz ähnliche Weise sollte nach den Entwürfen Perraults der Haupteingang des Louvre ausgezeichnet werden.

Bereits Johann Arnold Nering hatte in seinen ersten Planungen zum Berliner Zeughaus den Einsatz prunkvoller Bauplastik vorgeschlagen. Diese ist von Andreas Schlüter mit den Schlusssteinen im Erdgeschoss des Zeughauses meisterhaft und originell umgesetzt worden. Für die restlichen Skulpturen zeichnete konzeptionell der in diesen Dingen sehr gebildete Architekt Jean de Bodt verantwortlich. Umgesetzt wurden sie von zwei Künstlern, die vielleicht sogar durch de Bodt nach Berlin vermittelt wurden: Guillaume Hulot (1700 nach Berlin berufen) und René Charpentier (1680–1723). Beide waren von den Bildhauern Ludwigs XIV. ausgebildet worden und hatten somit unmittelbaren Zugang zu den neuesten Strömungen des vorbildlichen Pariser Kunstkreises. Die Figurengruppen der Balustrade zeigen sublime Anspielungen auf Michelangelo und Bernini. Die Beschäftigung mit Ludwig XIV. ging soweit, die berühmte antike Statue des »sterbenden Galliers« zu zitieren. Ihm ist pointiert eine französische Lilie beigegeben. Das Schild des triumphierenden Mars zeigt den preußischen Adler.

Das Niveau der Bauplastik macht wesentlich die Besonderheit des Berliner Zeughauses aus. Sie stand in solch reicher Form übrigens im Widerspruch zu den damaligen architekturtheoretischen Vorstellungen. Ein solcher Bau hatte logischerweise auf ausschweifenden Zierrat zu verzichten.

This was implemented, with great mastery and originality by Andreas Schlüter, in the keystones on the ground floor of the Armoury. The architect Jean de Bodt, who was extremely well versed in these matters, was responsible for the concept of the remaining sculptures. They were executed by two artists whom de Bodt had possibly recommended to Berlin: Guillaume Hulot (called to berlin in 1700) and René Charpentier (1680–1723). Both had been trained by sculptors working for Louis XIV and, therefore, had direct contacts with the latest movements in the admired Parisian art circles. The large groups of figures on the balustrades show sublime allusions to Michelangelo and Bernini. This occupation with Louis XIV went as far as alluding to the famous ancient statue of the 'Dying Gaul'. As a trenchant statement, he is adorned with a French lily. The shield of the triumphant Mars bears a Prussian eagle.

The artistic level of the sculptures makes the Berlin Armoury so special. The richness of this decoration was inconsistent with the theoretical architectural ideas of the time. Logically, such a building was supposed to do without excessive embellishment.

Today, the Berlin Armoury is lacking one important key to its interpretation. From the very beginning of its conception, there were plans to place a bronze statue of its commissioner, Frederick I of Prussia, in the centre of the Armoury's inner courtyard. This statue was even cast in 1697/98. However, owing to the sluggishly slow construction progress of the Berlin Armoury, this statue was never installed. The external façades of the Berlin Armoury illustrate the power

12_ Sklave aus der »Bellona«-Gruppe auf dem Dach des Berliner Zeughauses, Anfang d. 18. Jh.; Guillaume Hulot / Slave from the 'Bellona' group on the roof of the Berlin Armoury, early 18th C.; Guillaume Hulot

12

Zum Verständnis der Architektur des Berliner Zeughauses fehlt heute ein wichtiger Interpretationsschlüssel. Denn von Anbeginn der Planungsgeschichte an war vorgesehen, in die Mitte des Zeughausinnenhofs eine Bronzestatue des Bauherrn, Friedrichs I. in Preußen, zu setzen. Diese Statue ist 1697/98 auch gegossen worden. Aufgrund des langen Bauverlaufs des Berliner Zeughauses ist sie allerdings nie hier aufgestellt worden. Die Außenfassaden des Berliner Zeughauses illustrieren die Stärke Brandenburg-Preußens und den neugewonnenen königlichen Status als in jeder Hinsicht solide und legitim, gerade auch durch das überprüfbar hohe Niveau von Architektur und Bildhauerkunst. In der anspielungsreichen Sprache der barocken Ikonographie ist auch das Verhältnis von Krieg und den Künsten thematisiert. Der Innenhof hingegen sollte zu einem Präsentationsraum für die Statue seines Erbauers werden. Andreas Schlüters Statue Friedrichs I. in Preußen zu Fuß, von der nur noch ein Nachguss existiert, ist auffälligerweise hier nicht martialisch als Krieger, sondern in der Kardinaltugend der *temperantia*, der alexandrinischen Mäßigung gegenüber den überwundenen Feinden präsentiert. Die maßvolle, nicht sehr große Figur ist auf den architektonischen Rahmen des Zeughauses angewiesen. Für eine freiräumliche Aufstellung ist sie zu klein. Auch wenn das in vielem den europäischen Standards der Zeit entsprach: Friedrich I. ließ sich, unter Anspielung auf seinen Namen, pointiert als Friedensfürst, Preußen und sich als »Friedens-Reich« feiern. In der Tat gelang es seiner Regierung erstmals seit fast einhundert Jahren, seine zwischen Rhein und Memel verstreuten Territorien aus den

of Brandenburg Prussia and its newly-attained regal status as being absolutely sound and legitimate, as witnessed by the high level of the architecture and sculptural art. The relationship between war and the arts is one of the themes in the language of Baroque iconography, which is so full of allusions. On the other hand, the inner courtyard was intended to be a presentation area for the statue of its builder. It is somewhat odd that Andreas Schlüter's statue of Frederick I of Prussia on foot, for which only a copy exists, is not at all martial. He is represented not as a warrior but as displaying one of the cardinal virtues – *temperentia* – Alexandrian moderation, towards the conquered enemy. The modest, not especially large, figure is dependent on the architectural space of the Armoury. It is too small to be displayed in an open space. Even though, in many ways, it conformed with the European standards of the period, Frederick I, alluding to the meaning of his name, placed great importance on being feted as a prince of peace, Prussia and himself as 'rich in peace'. For the first time in almost 100 years, his government had managed to keep its numerous territories, spread between the Rhine and Memel Rivers, out of the many military conflicts in the Reich.

Already in the eighteenth century, its similarities with one of the most famous works of art of the ancient world – the Belvedere Apollo – were noticed. It was intended to create a connection between Prussia's first King and all those positive, Apollonian attributes. In the Baroque era, the god Apollo was regarded as the conqueror of passions, the epitome of the bringer of civilisation. This pointed statement

13_ Sklave aus der »Mars«-Gruppe auf dem Dach des Berliner Zeughauses, Anfang d. 18. Jh.; Guillaume Hulot / Slave from the 'Mars' group on the roof of the Berlin Armoury, early 18th C.; Guillaume Hulot

zahllosen militärischen Konflikten im Reichsgebiet heraus-zuhalten.

Schon im 18. Jahrhundert wurde die Ähnlichkeit mit einem der berühmtesten Kunstwerke der Antike bemerkt, dem Apoll vom Belvedere. Preußens erster König sollte so mit all den positiven, apollinischen Assoziationen in Verbindung gebracht werden. Der Gott Apoll galt im Barock als Überwinder der Leidenschaften, als Zivilisationsbringer schlechthin. In Zusammenhang mit Andreas Schlüters Masken an den Wänden des Innenhofs wäre so eine pointierte Aussage entstanden. Nur durch die Zivilisiertheit und Kultiviertheit, die Förderung des zivilen Fortschritts durch den »preußischen Apoll« würde die mühelose Leichtigkeit des Sieges über Aufruhr, Chaos und Barbarei gelingen. Deutet man diese Statue tatsächlich als Fokus und Sinnzentrum des Zeughauses, so sollte der erste preußische König weit über das rein Persönliche hinaus eine heldenhafte Kultiviertheit verkörpern, die im Notfall überhaupt erst einen Sieg der Kanonen möglich machte. Mit der Bezugnahme auf den Gott Apoll erhob der seit Jahrhunderten erste »neue« König in Europa denselben Anspruch wie Ludwig XIV. Diesem wie jenem genügten die »herkuleischen« Tugenden nicht mehr allein für die Darstellung ihrer segensreichen Herrschaft. In Paris und Versailles wich der Menschensohn Herkules dem Gott Apollon, der nicht nur Licht- und Zivilisationsbringer, sondern auch Anführer der Musen war. Die ersten Pläne zum Berliner Zeughaus sahen als Türwächter am Haupteingang die Statuen von Herkules und Minerva vor. 1695 war das für einen ambitionierten Reichsfürsten angemessen. Nach der

evolved from Andreas Schlüter's masks on the inner courtyard's walls. Only sophistication and culture, the 'Prussian Apollo's' patronage of civil progress, could lead effortlessly to victory over conflict, chaos and barbarism. If one actually interprets this statue as the focus and centre of significance of the entire Armoury, it is clearly intentional that the first Prussian King should embody heroic refinement, far beyond the purely personal, which, in times of danger, made a victory using cannons even more possible. By making a connection to the god Apollo, the first 'new' king in Europe after many hundred years laid the same claims to reverence as Louis XIV. Both were no longer solely satisfied with 'Herculean' virtues as a representation of their reign, so full of blessings. In Paris and Versailles, the mortal Hercules was replaced by the god Apollo, who was not only the bearer of light and civilisation but also leader of the Muses. In the first plans for the Berlin Armoury, statues of Hercules and Minerva were foreseen as sentinels for the main entrance.

In 1695, that seemed appropriate for an ambitious prince. After his elevation to King of Prussia, the ancient hero's muscle power, restrained by virtue, was no longer adequate. The 'Apollonian' idea can also be seen in a small, but fundamental, detail. In an over-subtle manner, it turns the entire Berlin Armoury into a pedestal for the statue of Frederick I, who was dubbed 'crooked Fritz' on account of his less than impressive stature. Based on the scornful judgement of his own grandson on the throne, future generations of academics simply used the epithet 'petite Majesté'. In contrast to the classical rules of architecture, which the architect

14

Rangerhöhung zum König in Preußen sollte die von Tugend gebändigte Muskelkraft des antiken Helden nicht mehr genügen. Der »apollinische« Gedanke ist noch an einem kleinen, aber grundlegenden Detail greifbar. Es macht, etwas überspitzt, das ganze Berliner Zeughaus zum Sockel für die Statue Friedrichs I., den die Berliner wegen seiner nicht sonderlich imposanten Statur allerdings ganz liebevoll »den schiefen Fritz« nannten. Die akademische Nachwelt hatte, ausgehend von einem verächtlichen Urteil des eigenen Enkels auf dem Thron, überhaupt nur das Verdikt einer *petite Majesté* übrig.

Das Zeughaus ruht, entgegen der klassischen Architekturregeln, die der Architekt Jean de Bodt sehr wohl bestens kannte, nicht auf einem Gebäudesockel, einem Stilobat. Es ruht auf einem felsenartig bossierten Sockel, einer *terrasse*, was auf den Akademiker Jean de Bodt zurückgehen muss, da die ersten Entwürfe Nerings einen regelgerechten Stilobat aufwiesen. Es war eine Änderung im Bestand, für die der Architekt sogar die jetzt zu geringe Proportionierung in Kauf nahm. 1736 griff de Bodt dieses Motiv bei seinem Entwurf für ein neues Schloss in Dresden, der an zentralen Bereichen die allgemein gerühmte Kunstförderung der sächsischen Herrscher architektonisch zum Ausdruck brachte, wieder auf. De Bodt interpretierte diesen grob und scheinbar unregelmäßig bossierten Sockel in seinem Erläuterungsentwurf hierzu als die »Spitze eines Felsens«. Für diese Idee gäbe es schöne Beispiele und er selber habe sie bei einem »anderen schönen Gebäude« verwirklicht. Aufgrund der offenkundigen Übereinstimmungen war das Berliner Zeughaus

Jean de Bodt knew only too well, the Armoury does not rest on a platform, a stilobat. It rests on a rock-like base – a terrace – which must be attributed to the Académicien Jean de Bodt seeing that Nering's original plans showed a regular stilobat. This was a change in the appearance for which the architect even accepted the too small proportions. In 1736 de Bodt once again took up this motif in his design for a new castle in Dresden which, in central areas, was an expression of the Saxonian ruler's, widely acknowledged, support of the arts. In his explanatory notes, de Bodt interpreted this rough and seemingly irregular hewn base as "the summit of a rock". There were many fine examples for this idea and he himself had implemented them in "another admirable building". The obvious parallels make it clear that he meant the Berlin Armoury. Three decades later, when dealing with another construction project, the court architect of the Elec-

28

gemeint. Für eine andere Bauaufgabe und noch drei Jahrzehnte später interpretierte der kurpfälzische Hofarchitekt Nicolas de Pigage den felsenhaften Unterbau seines Apollo-Tempels im Schwetzinger Schlossgarten als »Spitze« des Berges Helikon östlich des Parnass. Dieser galt als Sitz der Musen, die wiederum von Apollon angeführt wurden.

Eine tiefe Schattenfuge trennt diesen felsenartig bossierten Sockel des Zeughauses von der darüber ansetzenden Fassadenarchitektur. Im Innenhof ist diese Fuge noch deutlicher und durch den Materialwechsel von der granitenen Sockelplatte zum Putz der Erdgeschossrustika noch betont. Der Granit hatte sicher auch nutzungstechnische Gründe. Er galt an dieser Stelle aber auch als vornehmes und »ewiges« Material, das durch die Schattenfuge die Fassaden des Innenhofes scheinbar schweben lässt. So ist das Berliner Zeughaus keineswegs steingewordener Militarismus, eine Worterfindung der Propaganda des 20. Jahrhunderts. Es ist ein sublimer Beitrag zu einem Thema, das nicht nur im 18. Jahrhundert eine wichtige Rolle spielte: das verwickelte Verhältnis der Kunst des Krieges und des Krieges der Künste.

In Berlin war man ungeheuer stolz auf die Vollendung des Zeughauses. In einem Lobgedicht auf den König 1708 wurde es mit dem Tower und dem Arsenal in Venedig verglichen. Spätere Lokalpoeten fügten noch die Bastille in Paris hinzu. Das zeigt erstens, wie sehr man das Zeughaus als Staatssymbol empfand. Und zweitens wurde deutlich, welchem der genannten Bauten die Palme im künstlerischen Wettstreit gebühren musste. Auch die Zeughäuser, die nach dem Berliner entstanden, reichen nicht an dessen künstlerische Qualität heran: Wien 1731/32 (Martin Ospel), Mainz 1738–40 (Maximilian von Welsch) und Mannheim 1777–78.

Der brandenburgisch-preußische »Kanonenschuppen« vereint Elemente der Palastarchitektur der römischen Hochrenaissance, besonders die quadratische Grundrissfigur, den zentralen Innenhof oder die regelmäßige Abfolge von Segment und Dreiecksgiebelverdachungen ebenso wie das römische System von Putztaschen, mit den zur Bauzeit brandaktuellen Formen der Pariser Akademie. Dem dort geschulten Architekten Jean de Bodt strich man einige Regularisierungen nach dem *goût français* aus dessen Plänen heraus. In den ersten Planungen Nerings angelegt, dann wohl von dem Akademiker de Bodt selbst verdeutlicht, zeigen die Fensterverdachungen der Innenhofrisalite sowie in abgeschwächter Form die Seitenrisalite der Außenfassaden »unakademische« Formen, die auf Michelangelo und dessen kapitolinische Paläste in Rom zurückgehen.

toral Palatinate Nicolas de Pigage interpreted the rock-like foundation of his Apollo Temple in the Castle garden in Schwetzingen as the "summit" of Mount Helicon, located to the east of Parnassus. This was regarded as the seat of the Muses whose leader was Apollo.

A deep shadow gap separates this "rock-like" base of the Armoury from the architecture of the façade above it. In the inner courtyard of the Armoury this gap is even more pronounced and more strongly articulated through the change in the material used from the granite base to the plastering of the ground-floor rustica. Granite was definitely used for technical reasons. However, in this context, it was also seen as a noble "eternal" material which, through the inclusion of the dark shadow gap, made the inner courtyard appear to be hovering. Befitting the Apollonian statues of the King, they can be seen as weightless. From this aspect, the Berlin Armoury is in no way militarism in stone – a concept originating in twentieth-century propaganda. It is also a sublime contribution to a subject which played a major role – not only in the eighteenth century – in the complicated relationship between the art of warfare and the war beteen the arts.

The people of Berlin were enormously proud of the completion of the Armoury. In 1708, a hymn of praise on the King compared it with the tower of the arsenal in Venice. Later, local poets added the Bastille in Paris to this. This shows, first of all, just how much the Armoury was regarded as a status symbol. And, secondly, it becomes clear which of the buildings mentioned should receive the laurel wreath in the artistic competition. Even those armouries which were constructed after the one in Berlin do not approach its artistic quality: Vienna 1731–32 (Martin Ospel), Mainz 1738–40 (Maximilian von Welsch) and Mannheim 1777–78.

The Brandenburg-Prussian 'cannon shed' combines elements of the palace architecture of the Roman High-Renaissance, in particular, the quadratic basic layout, the central inner courtyard, and the regular series of segments and triangular gable roofing, and the Roman system of plastered pockets with the forms of Parisian artistic circles, with the forms of the Paris Académie, which were so much in vogue at the time. However, the Paris-trained architect, Jean de Bodt, eliminated some of the conventions in keeping with the "goût français" from his plans. Conceived in Nering's initial plans and probably elucidated by the Académicien de Bodt himself, the window roofing of the inner-courtyard risalites, as well as the side risalites on the exterior façade (to a lesser degree), exhibit 'un-academic' forms harking

Mit seinen Architekturformen liefert das Berliner Zeughaus auch einen Beitrag zur Debatte um die »Säulenordnungen«. Von der griechischen Klassik bis weit ins 19. Jahrhundert war man der Auffassung, dass sich Schönheit in Zahlenverhältnissen, in Proportionen beschreiben ließe. Die Maße der Säulen des Zeughauses, ihre Abstände und Schwellung, ihre Sockel, Schaftringe und Kapitellplatten, die Friese, Gesimse und Tropfleisten künden von der genauen Kenntnis einer ästhetikgeschichtlichen Debatte, die zum Zeitpunkt des Baus zwei Jahrhunderte umfasste. Auffällig ist in dieser Hinsicht, dass das Berliner Zeughaus auf möglichst klassische Autoritäten zurückgreift. Dazu gehörte auch, dass einer der ersten Theoretiker zum Thema Zeughaus, Joseph Furttenbach, in seiner »Architectura martialis« von 1630 empfahl, dass durch einen ansehnlichen Zierrat »das Zeughaus für einen Fürstlichen Pallast angesehen werde«. Genau dem widersprach die Pariser Akademie im Namen der humanistischen *ratio*. Als ebenso unangemessen seien menschliche Köpfe als Dekoration der Schlusssteine von Bögen anzusehen. Die eindrucksvollen Masken Andreas Schlüters entsprachen einer älteren, antiken Tradition. Alles zusammen genommen belegt das Berliner Zeughaus, das man in der intellektuellen Debatte Europas mithalten wollte und anschaulich auch konnte.

Selbstverständlich waren die Griffe der Künstler Friedrichs I. in Preußen in die Götterwelt des Olymp, in die Welt der antiken Herrscher oder in den Fundus der Kunst Roms und des Sonnenkönigs nicht »wörtlich« gemeint. Die Künste hatten, wie an jedem namhaften und modernen Hof, deklamatorische Aufgaben zu übernehmen, deren Ton weit über konkret politische Strategien oder das Tagesgeschäft hinausging. Wie mühsam dieses war, bekamen als erstes die brandenburgischen Gesandten an den Höfen Europas mit. In dem diplomatischen Gerangel in der zeremoniellen Hierarchie von Sitzmöbeln, Garderobenregeln, Tafelordnungen und Audienzterminen gehörte es noch jahrelang für die preußischen Botschafter zum Alltagsgeschäft, die von vielen angezweifelte neue königliche Würde ihres Herrn auf allen Kommunikationswegen zu verdeutlichen. Selbstverständlich sahen es z. B. die Gesandten der *Serenissima,* der Republik Venedig, nicht ein, einem Herrn der »Vandalen, Kaschuben und Wenden« gleich- oder gar nachgeordnet zu werden. Drastische Szenen wie diese häuften sich: Bei einer Audienz für das diplomatische Corps in London wurde der preußische Botschafter handgreiflich, rangelte erfolgreich und gelangte mit einem eindrucksvollen Spurt tatsächlich vor dem Ge-

back to Michelangelo and his Roman Capitoline palaces. The architectural form of the Berlin Armoury also provides a contribution to the debate on the "organisation of columns". From classical Greece until far into the nineteenth century, the opinion was that beauty could be described in numerical relationships, in proportions. The size of the columns in the Armoury, their spacing and convexity, their bases, column rings and capitals, the frieze, cornices and drip moulding show a precise knowledge of the aesthetic, historical debate which, at the time of construction, had lasted for two centuries. One contribution to this was made by Joseph Furttenbach, one of the first theoreticians to deal with the subject of armouries. In his *Architectura martialis,* published in 1630, he recommended that, through the use of eye-catching decoration, "the armoury could be taken for a princely palace". This was completely disputed by the Paris Académie in the name of humanistic reason. The use of human heads as decorations on the keystones of arches was similarly regarded as being inappropriate. The impressive masks created by Andreas Schlüter were in keeping with an older, ancient tradition. Taking all these aspects into consideration, the Berlin Armoury is proof of the intention of keeping abreast of the intellectual debates taking place in Europe – and obviously doing so.

Naturally, the encroachments into the world of the Olympian gods and into the stocks of Roman art and the Sun King, made by artists under Frederick I of Prussia, cannot be taken 'literally'. As in all other contemporary courts, the arts were intended to take on declamatory duties, whose tone went far beyond concrete political strategies and routine business. In the diplomatic wrangling over the ceremonial hierarchy of seating, clothing etiquette, dining protocol and audience appointments, it was part of the everyday duties of the Prussian ambassadors to emphasise the dignity of their regent in all ways possible. It is clear that, to cite just one example, the ambassadors of the Serenissima, the Republic of Venice, could not understand that they should be treated as equal to, or lesser than, a master of primitive "Vandals, Cashubos and Wends". Drastic scenes, like the following, became increasingly common: During an audience for the Diplomatic Corps in London, the Prussian ambassador turned violent, tussled successfully and, with an impressive sprint, managed to get to the throne of the amused, but piqued, British Majesty before the Doge's envoy. At the Imperial court in Vienna, his Prussian Majesty was simply referred to – off the record, of course –

sandten des Dogen am Thron der amüsiert-pikierten britischen Majestät an. Am kaiserlichen Hof in Wien sprach man hinter vorgehaltener Hand von der jungen preußischen Majestät schlicht als von einem »Ketzerfürsten«. Erst am Ende des 18. Jahrhundert adressierte der Vatikan seine Briefe nach Berlin nicht mehr an den »Markgrafen von Brandenburg«.

1706 setzte man das lorbeerbekränzte goldene Brustbild Friedrichs I. von Guillaume Hulot über dem Hauptportal ein. Die Widmungsinschrift nennt dieses Jahr als Vollendungsdatum – ein purer Euphemismus. Endgültig fertig gestellt wurde das Berliner Zeughaus 1729 unter der Herrschaft Friedrich Wilhelms I., des »Soldatenkönigs«. Eine Schlussabrechnung in diesem Jahr beziffert die Gesamtbausumme auf 279.342 Taler. Das waren etwa 10.000 Taler weniger, als der Bau der Frauenkirche in Dresden zwischen 1726 und 1743 gekostet hatte. Der neue Herrscher hatte den höfischen Repräsentationsapparat nach dem Tod seines Vaters auf ein Minimum reduziert und damit gegen alle guten Sitten im damaligen Europa verstoßen. Das künstlerische Anspruchsniveau wurde auf das eines calvinistischen Militärstaates innerhalb des bunten deutschen Provinzialismus heruntergefahren. Mit teilweise brutalen Methoden entstand unter Friedrich Wilhelm I. allerdings eine zukunftsweisende, effiziente und unbestechliche Bürokratie und eine Armee, die nun tatsächlich in der Lage war, es mit den etablierten Mächten Europas aufzunehmen. Der eigentliche Architekt des Berliner Zeughauses, Jean de Bodt, hatte ein Jahr zuvor seinen Abschied aus preußischen Diensten erhalten. Zeugnisse einer ganzen Reihe von Konflikten mit dem »Soldatenkönig« haben sich erhalten. De Bodt wechselte an den internationalen und glänzenden Hof August des Starken als Chef des dortigen Bauwesens. Noch einmal nahm er auch hier bedeutenden Einfluss auf die Stilentwicklung des sächsischen Rokoko. Hochgeehrt und in einer Stellung, die im Deutschland des 18. Jahrhunderts nicht einmal eine Handvoll Architekten erreichten, starb er am 3. Januar 1745 in Dresden.

Ich danke Herrn Professor Hans Ottomeyer für seine Anregungen und Frau Ulrike Kretzschmar für ihre Unterstützung und Kooperation.

as a "heretic prince". It was not until the end of the eighteenth century that the Vatican stopped addressing its letters to Berlin to the "Margraves of Brandenburg".

In 1706, the laurel-wreathed, golden bust of Frederick I created by Guillaume Hulot was installed above the main portal. The dedication notes this year as the date of completion – a pure euphemism. The Berlin Armoury was finally completed in 1729 in the reign of Frederick William I, the 'Soldier King'. In the final accounts for this year, the total sum for construction is listed as 279,342 thalers. This is approximately 10,000 thalers less than was needed for the construction of the Frauenkirche in Dresden, which took place from 1726 to 1743. After the death of his father, the new regent reduced the representational apparatus of his court to the absolute minimum, thereby offending the common decency of contemporary Europe. The level of artistic activity was reduced to that of a Calvinistic military state within motley German provincialism. However, Frederick William I used sometimes brutal methods to create a forward-looking, efficient and incorruptible bureaucracy and an army which was really in the position of measuring up to the well-established powers in Europe. The actual architect of the Berlin Armoury, Jean de Bodt, had been released from Prussian service one year previously. Many reports of a series of conflicts with the 'Soldier King' have been preserved. De Bodt transferred to the international, glamorous court of King August the Strong of Poland, Elector of Saxony, as head of construction. Here, he once again played a significant role in the development of the local style: Saxon rococo. He died, highly esteemed and in a position which only a handful of architects achieved in eighteenth century Germany, in Dresden on 3 January 1745.

I would like to thank Professor Hans Ottomeyer for his inspiring suggestions and Ms Ulrike Kretzschmar for her support and cooperation.

Das Foyer des Zeughauses mit originaler Pfeilerverkleidung aus den 1950er-/60er-Jahren, Thüringer
Travertin; originaler Fußboden, Natursteinplatten
»Lausitzer Granodiorit« und »Schneeflocke« (Lampor-
phyr), wechselweise verlegt / The foyer of the Armoury
with the original panelling of the pillars dating from
the 1950s/60s, Thuringian travertine; original floor,
natural stone slabs 'Lausitz Granodiorit' alternating
with 'Snowflake' (Lam porphyry)

Blick von Südosten in das Foyer mit Durchgang
zum Innenhof; rechts östlicher Treppenaufgang mit
schmiedeeisernem Geländer, entworfen und ausgeführt von Fritz Kühn, um 1952 / View from the south-
east into the foyer with the connection to the inner
courtyard; to the right, the eastern access stairs with
the wrought-iron banisters, designed and executed
by Fritz Kühn, around 1952

Blick vom Foyer in den Museumsladen des Zeughauses
View from the foyer into the Armoury's museum shop

Das Arbeitszimmer des ersten Direktors des Museums für Deutsche Geschichte im
Südflügel mit originaler Wandtäfelung in Nussbaum und Tafelparkett-Fußboden in Eiche
The office of the first director of the Museum for German History in the south wing
with the original walnut panelling and the oak parquet flooring

Servicebereich im Erdgeschoss mit neuer Wandverkleidung aus rötlichem Marmor (Rojo Alicante)
Service area on the ground floor with new red-marble wall panelling (Rojo Alicante)

Kinosaal im Ostflügel, Erdgeschoss
Cinema in the east wing, ground floor

Ausstellungsbereich im Westflügel, Erdgeschoss.
Die Pfeiler sind im Gegensatz zum Foyer und zum
Ausstellungsbereich im Obergeschoss nur neu ver-
putzt; neuer Fußboden aus Fürstensteiner Granit.
Exhibition area in the west wing, ground floor.
Unlike the foyer and exhibition area on the upper
floor, the pillars have merely been replastered;
the Fürstenstein granite floor is new.

Vom Arsenal zum Museum
From an Arsenal to a Museum

Ulrike Kretzschmar

Im Laufe seiner über dreihundertjährigen Geschichte wandelte sich das Berliner Zeughaus, wie viele seiner Art in Europa, vom Waffenarsenal zum Museum. Die Stationen seiner Nutzungsgeschichte – und damit seiner Baugeschichte – spiegeln in eindrucksvoller Weise brandenburgisch-preußische und seit 1871 deutsche Geschichte wieder.

Bereits anhand der frühen Pläne wird deutlich, dass das Berliner Zeughaus neben seiner militärischen Funktion als Waffenarsenal durch seine städtebauliche Einbindung von Anbeginn höchsten repräsentativen Ansprüchen zu genügen hatte. Seine prachtvolle Architektur, die überwältigende Größe sowie das schlossartige Äußere, weisen weit über die Aufgaben eines reinen Waffenmagazins hinaus. Verstärkt wird dieser Anspruch durch das bauplastische Programm, dessen Ikonographie eindrücklich durch die über dem Hauptportal angebrachte lateinische Weiheschrift formuliert wird: »JUSTITIAE. ARMORUM. TERRORI. HOST. TUTELAE. SUORUM. POP. ET. FOEDERAT. FRIDERICUS I. REX. BORUSS. P.P.P. AUG. INV. HOC. ARMAMENTARIUM. OMINI. INSTRUM. BELL. NEC. NON. SPOLIOR. MILIT. AC. TROPHAEOR. GENERE. REFERTUM. A. FUNDAM. EXTRUENDUM. CUR. MDCCVI.«

Fünf Jahre nach der Krönung Kurfürst Friedrich III. (1657–1713) zum König in Preußen (Friedrich I.), galt der Bau demnach offiziell als errichtet, obwohl die endgültige Fertigstellung – einschließlich des Innenausbaues – sich noch bis 1729 hinzog. Die Anfänge seiner Nutzung gehen jedoch bis in das Jahr 1701 zurück. Bauherr Friedrich III., der der Fertigstellung seines militärischen »Schatzhauses« ungeduldig entgegensah, erließ schon am 5. Juli 1699 erstmals die Order an verschiedene Festungen, »seltene ausgezeichnete Geschütze zu dessen Ausschmückung abzuliefern«. (Schöning, S. 214 f.)

Infolge eines Pfeilereinsturzes im Erdgeschoss vier Wochen später, verzögerte sich die Ausführung der Anordnung wohl. Den Eintragungen im Reisetagebuch des Architekten Christoph Pitzler vom Juli 1701 ist aber zu entnehmen, dass bereits zu diesem Zeitpunkt Geschütze im Erdgeschoss aufgestellt worden waren. Trotz seines unvollständigen Zustandes wurde das Zeughaus schon früh zu Repräsenta-

In its more than 300-year history, the Berlin Armoury – as is the case with many other similar European institutions – has developed from a weapon arsenal into a museum. The different stages of the history of its use – and, at the same time, of its building – give an impressive reflection of Brandenburg-Prussian and, after 1871, German history.

Looking at early plans, it can be seen that from the very beginning the Berlin Armoury, with its integration within the architecture of the city, had to meet representative requirements in addition to fulfilling its military function as an arsenal. With its magnificent architecture, overwhelming size and its palace-like exterior, it reaches far beyond a pure weapon depository. This aspect is emphasised most impressively by the Latin dedication above the main portal: "JUSTITIAE. ARMORUM. TERRORI. HOST. TUTELAE. SUORUM. POP. ET. FOEDERAT. FRIDERICUS I. REX. BORUSS. P.P.P. AUG. INV. HOC. ARMAMENTARIUM. OMINI. INSTRUM. BELL. NEC. NON. SPOLIOR. MILIT. AC. TROPHAEOR. GENERE. REFERTUM. A. FUNDAM. EXTRUENDUM. CUR. MDCCVI."

Five years after the coronation of the Prince Elector Frederick III (1657–1713) to King of Prussia (Frederick I) the building was officially regarded as being finished although the final completion – including the interior construction – took until 1729. The beginning of its use, however, goes back as far as 1701. On 5 July 1699, Frederick III, who was growing impatient to see construction of his military "treasury" completed, sent an order to various fortresses to "provide rare, outstanding weapons for its embellishment". (Schöning, p. 214 f.)

The collapse of a pillar on the ground floor, four weeks later, probably delayed the implementation of this command. However, entries in the travel diary of the architect Christoph Pitzler, dated July 1701, show that, already at that time, artillery was displayed on the ground floor. In spite of its incomplete condition, the Armoury was used, at an early date, for representative purposes. Frederick I established it as one of the points on the programme for state visits. On the occasion of the visit of Frederick August I of Poland and Frederick IV of Denmark for the christening of Friederike Sophie Wilhelmine in 1709, the visit to the Armoury with the

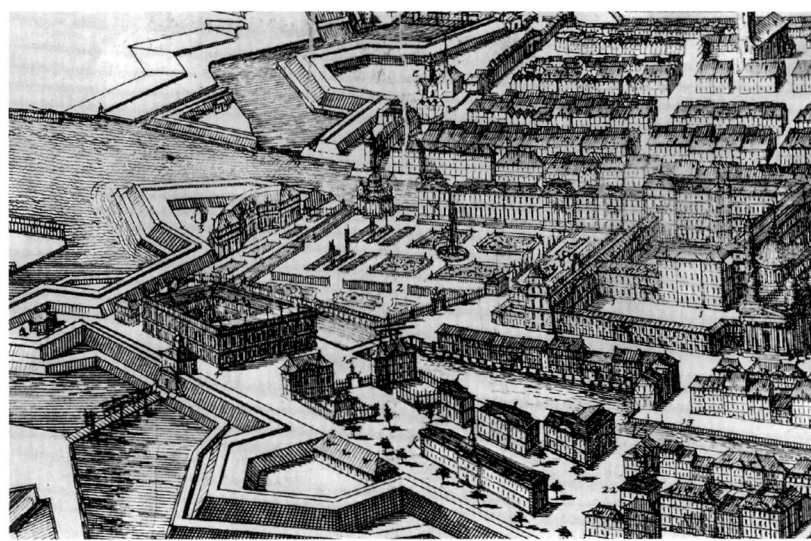

01_ »Die Churfürstl. Brandenburg. Residentz […]«, Ausschnitt, 1698/99, erschienen 1703; Jean Baptiste Broebes, Landesarchiv Berlin / 'The Residence of the Brandenburg Electorate […]', detail, 1698/99, published 1703; Jean Baptiste Broebes, Landesarchiv Berlin

01

tionszwecken genutzt. Bereits von Friedrich I. wurde es als Programmpunkt bei offiziellen Staatsbesuchen etabliert. Beim Besuch von Friedrich August I. von Polen und Friedrich IV. von Dänemark 1709 anlässlich der Taufe von Friederike Sophie Wilhelmine bildete der Besuch des Zeughaushofes mit der Besichtigung der dort aufgestellten Prunkkanone »Asia« einen Höhepunkt.

Ab 1730 konnte das gesamte Zeughaus als Waffenarsenal genutzt werden, diente aber von Beginn an auch als Sammlungsstätte für Trophäen. Seiner in der Inschrift des Hauses festgelegten Doppelfunktion wurde das Berliner Zeughaus über 150 Jahre gerecht, bis Kaiser Wilhelm I. (1797–1888) es ab 1877 zu einem Waffenmuseum mit Ruhmeshalle für das Haus Hohenzollern und die preußische Armee ausbauen ließ.

Im Verlauf des 18. Jahrhunderts wurde das Berliner Zeughaus das bedeutendste Waffendepot Brandenburg-Preußens, das sich unter Friedrich Wilhelm I. (1688–1740) und seinem Sohn Friedrich II. (1712–1786) zur größten Militärmacht unter den deutschen Staaten entwickelt hatte. Während für Friedrich I. bei der Zusammenstellung der Geschützsammlung der historische Wert ausschlaggebend war, legte sein Sohn Friedrich Wilhelm I. – auch Soldatenkönig genannt – sein Augenmerk in erster Linie auf ein funktionstüchtiges Arsenal für den Kriegsfall. Friedrich Wilhelm I. sorgte dafür, dass sich das Zeughaus nach 1731 in beeindruckender Weise füllte. Die umfangreiche Geschützsammlung bestand aus einer Vielzahl seltener und zugleich prächtiger Geschütze, erbeutet von Schweden, Polen, Frankreich und Bayern. Während seiner Regierungszeit wurde die Zahl

inspection of the sumptuously decorated 'Asia' cannon formed one of the highlights.

After 1730, the entire Armoury was able to be used as a weapon arsenal. It was, however, also used for the collection of trophies from the very beginning. This double function, shown in the inscription of the house, was upheld by the Berlin Armoury until Emperor William I (1797–88) transformed it into a weapon museum and pantheon for the House of Hohenzollern and the Prussian army in 1877.

During the eighteenth century, the Berlin Armoury developed into the most important arsenal of weapons in Brandenburg-Prussia, which had developed into the largest military force in the German states under the leadership of Frederick William I (1688–1740) and his son Frederick II (1712–86). Whereas Frederick I considered their historical value, to be the most important aspect when compiling the collection of weapons, his son Frederick William I – also called the "Soldier King" – turned his attention towards having a functional arsenal in the event of war. After 1731, Frederick William I saw to it that the Armoury was filled in an impressive manner. The comprehensive collection of weapons consisted of a great number of rare and, at the same time, magnificent firearms captured from Sweden, Poland, France and Bavaria. During his reign, the number of cannons was more than doubled. It can be seen from the register from 1732 that, at that time, a total of 723 guns were to be found in the Armoury. These registers give an exact picture of the grouping of the weapons of war, in addition to their kind and size: the ground floor was devoted to can-

02

der Kanonen mehr als verdoppelt. Aus den Belegungsplänen von 1732 geht hervor, dass sich zu dieser Zeit insgesamt 723 Geschütze im Zeughaus befanden. Neben Art und Umfang vermitteln diese Pläne aber auch ein genaues Bild von der Anordnung des Kriegsgerätes: Das Erdgeschoss beherbergte Kanonen, Mörser und Haubitzen, die je nach Einrichtung, Kaliber und Herkunft unterschiedliche Gruppen bildeten. Das Obergeschoss dagegen war der Aufbewahrung der Waffen von Infanterie und Kavallerie sowie des Artilleriezubehörs vorbehalten – insgesamt 78.060 Stück. (Hahlweg, 1938, S. 4) Ein Zustand, wie ihn heute nur noch das Zeughaus in Kopenhagen zeigt.

Die Innenarchitektur des Zeughauses war ganz auf eine optimale Nutzung ausgerichtet und entsprach in ihrer Ausstattung dem damaligen Standard. Im Verhältnis zur prächtigen Außenarchitektur wirkte sie jedoch eher einfach und stellte somit den funktionalen Gedanken über den ehemals repräsentativen Anspruch. Diese Reduktion auf das Wesentliche ist zurückzuführen auf den neuen Bauherren Friedrich Wilhelm I., der nach dem Tod seines Vaters Friedrich I. dessen umfangreiche Bautätigkeit abrupt beendete. Weiter gebaut wurde in eingeschränkter Form nur dort, wo es im Einklang mit seinen militärischen Interessen stand. Dennoch beeindruckte das schlichte Innere allein schon durch die Dimensionen der umlaufenden dreischiffigen Pfeilerhallen, die ca. 86,5 Meter lang, ca. 23,2 Meter tief und – einem Bericht von 1833 zufolge – im Erdgeschoss ca. 6,74 Meter hoch waren. Alle vier Pfeilerhallen gingen ineinander über und wiesen keinerlei Begrenzung auf. Ihr mittleres, etwas

nons, mortars and howitzers, which were arranged in individual groups according to their fittings, calibre and origin. The upper floor, on the other hand, housed weapons used by the infantry and cavalry, in addition to artillery equipment – a total of 78,060 objects. (Hahlweg, 1938, S. 4) Something which today can only be seen in the Copenhagen Armoury.

The interior decoration of the Armoury was focused on the optimal use of space and was in keeping with the standards of the time. Compared with the magnificent exterior, it appears somewhat modest, placing more importance on functionality than on representation. This reduction towards the essential can be traced back to the new builder Frederick William I who abruptly ended the extensive constructions work after the death of his father Frederick I. Building was only continued, in a limited fashion, where it was in agreement with his military interests. However, the unpretentious interior, with its surrounding three-nave columned halls was impressive owing to its very size. According to a report from 1833, these were approximately 86.5 metres long and 23.2 metres wide and, on the ground floor, around 6.74 metres high. All four halls blended into each other and no boundaries could be discerned. The central, slightly narrower nave acted as an open corridor, leading to a door on the external surrounding wall. In addition to the two side portals, each wing had an extra main portal in the central axis opposite a courtyard portal. With a total of twelve external portals and four entrances, without any doorsteps, to the inner courtyard, excellent conditions were created for the transport of cannons and other weapons.

schmaleres Schiff diente als freier umlaufender Gang, der jeweils auf ein Tor der äußeren Umfassungsmauern traf. Neben den beiden Seitenportalen verfügt jeder Flügel über ein zusätzliches Hauptportal in der Mittelachse, dem ein Hofportal gegenüber liegt. Mit insgesamt zwölf Außenportalen und vier schwellenfreien Toren zum Innenhof waren hervorragende Bedingungen für den Transport der Kanonen und Waffen geschaffen.

Das Obergeschoss, mit einer Deckenhöhe von 8,8 Meter, entsprach in seiner Gliederung dem Erdgeschoss: auch hier unterteilte eine doppelreihige Pfeilerstellung die umlaufenden Hallen in drei Schiffe ohne hindernde Einbauten. Lediglich in der Fußboden- und Deckengestaltung unterschieden sich die beiden Geschosse. Während das Erdgeschoss mit einem Kreuzgratgewölbe ausgestattet und – der Nutzungsfunktion als Geschützhalle entsprechend – der Fußboden nach »Lütticher Art« mit behauenen Feldsteinen gepflastert war, besaß das Obergeschoss ursprünglich eine schmucklose verschalte Balkendecke und einen Dielenfußboden.

Sämtliche inneren Wand-, Pfeiler- und Deckenflächen im Erd- wie im Obergeschoss waren mit Kalk geputzt. Nur im Erdgeschoss waren die Spiegel der Pfeiler »blutrot« abgesetzt. Erst in der ersten Hälfte des 19. Jahrhunderts wurde das Innere des Zeughauses durchgehend geweißt.

Die großen umlaufenden Pfeilerhallen ohne Begrenzungen waren ebenso ideal für ein Waffenmagazin wie für eine Präsentation von Paradewaffen und Trophäen. Dies beförderte im Laufe des 19. Jahrhunderts die Einrichtung von Schausammlungen sowie später die Umwandlung des Zeughauses in ein Heeresmuseum.

In der Zeit der französischen Besatzung ab 1806 erlitt das Gebäude erheblichen Schaden, so dass umfangreiche Sanierungsarbeiten notwendig wurden. In den Jahren 1816/17 setzte die Planung für die Restaurierung des Zeughauses unter der Leitung von Karl Friedrich Schinkel (1781–1841) ein. Gleichzeitig stellt sich die Frage der Nutzung des Zeughauses neu. Dies nicht zuletzt deshalb, weil mit den Befreiungskriegen eine Fülle von Trophäen ins Haus gelangt war, deren Präsentation das Erinnern an die Kriegszeit ermöglichen sollte. Schinkel, für den sich das Zeughaus »mehr wie irgend ein anderes in den Hauptstädten Europas zu einem würdigen Tempel, in welchem die Wahrzeichen rühmlicher Kriegsthaten niedergelegt würden«, eignete, entwickelte bereits Anfang Oktober 1815 verschiedene Pläne zu ihrer Präsentation. Während die »kleine Lösung« im Südflügel für die Trophäen lediglich einen Raum

The upper floor, with a ceiling height of 8.8 metres, resembled the layout of the ground floor: here, too, a double row of pillars divided the hall into three naves without any obstructive insertions. The two floors were differentiated only by the ornamentation of the floors and ceilings. The ground floor was decorated with a vaulted ceiling and, in keeping with its function as an artillery hall, paved with roughly-hewn stone in Liège style, whereas the upper storey originally had an unadorned beamed ceiling and planked floor.

On both the ground and first floors, all the interior walls, columns and ceilings were plastered with lime. Only on the ground floor were the mirrors on the columns highlighted in "blood red". It was not until the first half of the nineteenth century that the interior of the Armoury was completely painted white.

The substantial surrounding pillared halls, without any boundaries, were ideal as both a weapon arsenal and presentation area of ceremonial weapons and trophies. During the nineteenth century, this facilitated the establishment of the collection as well as the Armoury's later transformation into a military museum.

During the French occupation after 1806, the building was seriously damaged, making extensive renovations necessary. In the years 1816/17, plans for restoring the Armoury were initiated under the direction of Karl Friedrich Schinkel (1781–1841). At the same time, the question concerning the use of the Armoury was raised once again. This was due not least to the fact that, during the liberation wars, a plethora of trophies had found their way into the house and their presentation was intended to be a memorial to those wars. Already at the beginning of October 1815, Schinkel, for whom the Armoury was suited "more than any other in any European capital to be a worthy temple, in which the symbols of glorious battle deeds can be placed", developed various plans for their presentation. Whereas, in the "small solution", a single room in the south wing adjacent to the main portal was foreseen for the trophies, the alternative "large-scale project" planned to have the entire ground floor used for the trophy hall. In order to allow the public to have an unimpaired view of the "glittering wall of weapons", Schinkel wanted to have generous glazing in the windows on the south side, along the Unter den Linden boulevard. "In this way, the hall could be opened on days commemorating victory and peace, allowing the populace to enter through the doors on the Spree side and be let out on the other side,

in unmittelbarer Verbindung mit dem Hauptportal vorsah, sollte die Trophäenhalle bei dem alternativen »großen Projekt« das gesamte Erdgeschoss einnehmen. Um dem Publikum die ungehinderte Besichtigung der »blinkenden Waffenwand« zu ermöglichen, wollte Schinkel die Fenster an der Südseite entlang der Straße Unter den Linden großzügig verglasen. »Bei Festtagen für Sieg und Frieden könnte die Halle so geöffnet werden, dass das Volk durch die Thüren an der Spree auf der einen Seite ein-, auf der anderen Seite hinausgelassen würde, und durch den ganzen unteren Raum wie durch eine lange schön geschmückte Straße ginge.« (Arndt, S. 19 ff.)

Der König stimmte diesen Plänen zunächst jedoch nicht zu. Erst 1820 wurde auf Anregung von Prinz August von Preußen (1779–1843) die Idee eines »Andenken-Museums« wieder aufgegriffen. Eine eigens dafür eingesetzte Kommission prüfte in der Folgezeit die vorhandenen Gegenstände auf ihre Verwendungsmöglichkeit: Die wertvollen Stücke sollten aufbewahrt und angemessen präsentiert werden, die zweit- bzw. drittklassigen Objekte waren für Dekorationszwecke vorgesehen. Die Verhandlungen hinsichtlich Auswahl, Beschaffung und Einrichtung der notwendigen Glasschränke zogen sich in die Länge. 1826 erließ der König eine Kabinettsorder, die die Anschaffung der von der Kommission vorgeschlagenen Glasschränke anwies. Die Schränke wie auch die Gestaltung der beiden mittleren Säulenpaare – sie setzten sich aus blanken Gewehrläufen zusammen und waren mit goldenen Lorbeerzweigen umwunden – gingen auf Entwürfe von Schinkel zurück.

going through the entire lower room as if along a long, festively decorated street."(Arndt, p.19 ff.)

At first, the king did not approve these plans. It was only on the initiative of Prince August of Prussia (1779–1843) that the idea of a 'Memorial Museum' was once again taken up in 1820. Following this, a specially appointed commission examined the existing objects to ascertain their suitability: the valuable articles should be preserved and presented in the appropriate manner but, on the other hand, the second and third-rate articles would be used merely for decoration. The negotiations on the selection, acquisition and appearance of the necessary showcases were extremely prolonged. In 1826, the king finally released a cabinet order with directives for the procurement of the showcases recommended by the commission. The showcases, as well as the decoration of the two central pairs of pillars – constructed of shining gun barrels entwined with golden laurel branches – were based on designs by Schinkel.

During this period, the collection increased through the systematic unification of various holdings. In this way, in 1827, important weapons were transferred to the Armoury from the Art Chamber, the royal palaces and the former 'Krüger Collection'. During an inspection of work on the Armoury by Prince August of Prussia and the Minister of War in 1828, a decision was made for the placement of the weapons of war: "1) All those weapons which are notable for their age, design and first-rate craftsmanship shall be placed in the showcases along the north front of the weapon hall; 2) all other articles will be displayed along the south front

03_ Die »Kunst- und Rüstkammer« im Nordflügel des Obergeschosses, 1835; Michael Karl Gregorovius, Potsdam, Stiftung Preußische Schlösser und Gärten Berlin-Brandenburg / The 'Art and Armour Chamber' in the north wing of the upper floor, 1835; Michael Karl Gregorovius, Potsdam, Stiftung Preußische Schlösser und Gärten Berlin-Brandenburg

04_ Die »Modell- und Mustersammlung« im Südflügel des Obergeschosses,1835; Michael Karl Gregorovius, Potsdam, Stiftung Preußische Schlösser und Gärten Berlin-Brandenburg / The 'Model and Sample Collection' in the south wing of the upper flor,1835; Michael Karl Gregorovius, Potsdam, Stiftung Preußische Schlösser und Gärten Berlin-Brandenburg

05_ Grundriss vom Obergeschoss nach dem Umbau 1877–1880 / Ground plan of the upper floor after reconstruction in 1877–80

Die Sammlung wuchs in dieser Zeit durch die planmäßige Zusammenführung von verschiedenen Beständen weiter an. So erfolgte 1827 die Übergabe bedeutender Waffen aus der Kunstkammer, den königlichen Schlössern und der ehemaligen »Krügerschen Sammlung« ins Zeughaus. Bei der Begutachtung der Arbeiten im Zeughaus durch Prinz August von Preußen und den Kriegsminister im Jahre 1828 wurde auch eine Entscheidung für die Aufstellung der Kriegsgeräte getroffen: »1) Alle Waffen, welche durch Alter, Einrichtung und vorzügliche Arbeit ausgezeichnet sind, kommen in die auf der Nordfront des Waffensaales befindlichen Schränke; 2) alle anderen Gegenstände werden auf der Südfront des Zeughauses aufgestellt; 3) die (vorgeschlagene) Benennung, Königl. Waffen = und Modell = Sammlung ist angenommen.« (Hiltl, S. 128)

Zwei Gemälde des Danziger Architektur- und Theatermalers Michael Karl Gregorovius aus dem Jahre 1835 vermitteln Ausschnitte dieser eindrucksvollen Waffen- und Modellsammlung. Darüber hinaus veranschaulichen sie die eingangs beschriebenen imposanten dreischiffigen Pfeilerhallen, die aufgrund ihrer »grenzenlosen« architektonischen Gestaltung ideal für alle Arten der Präsentation waren. Das Gemälde der Modellsammlung zeigt zwischen den Pfeilern die Schinkel'schen Schränke, in denen sich die Modelle befanden. In der Mitte des Modellsaales vor der Frontwand war das Standbild Friedrich Wilhelm I. aufgestellt, ein für diese Zwecke bronziertes Gipsmodell von Christian Daniel Rauch (1777–1857). Die dahinter gelegene Wand war symmetrisch mit Fahnen und anderen Trophäen aus den Befreiungs-

of the Armoury; 3) the (proposed) designation Royal Weapon and Model Collection is accepted."(Hiltl, S. 128)

Two paintings by the Danzig architecture and theatre painter Michael Karl Gregorovius, from 1835, show details of the impressive collection of weapons and models. In addition, they give us an impression of the magnificent three-nave columned halls previously described, which, thanks to their 'borderless' architecture, were ideal for all kinds of exhibitions. The painting of the model collection shows Schinkel's showcases, in which the models were displayed, between the pillars. A statue of Frederick William I took pride of place in the centre of the model hall, in front of the main wall. This was a bronze-coated plaster model made for this purpose by Christian Daniel Rauch (1777–1857). The wall behind this was symmetrically decorated with flags and other trophies from the liberation wars. The second painting shows the "art and armour chamber" in the centre of the north wing. Here, as in the south wing, the artistic decoration extended over the nine middle bays. The four central pillars, which were faced with gun barrels, were given the appearance of magnificent Doric columns. Rauch's statue, also bronze-coloured, of Blücher was placed in the north wing as a pendant to Frederick William I. In 1814/15, captured French weapons were displayed in the background. Historic cutting and thrusting weapons from the Middle Ages to modern times were exhibited in the showcases. Above this was a magnificent decoration of suits of armour, standards, drums and other trophies. Ceremonial suits of armour from the Prince Elector's armoury and royal art chamber stood

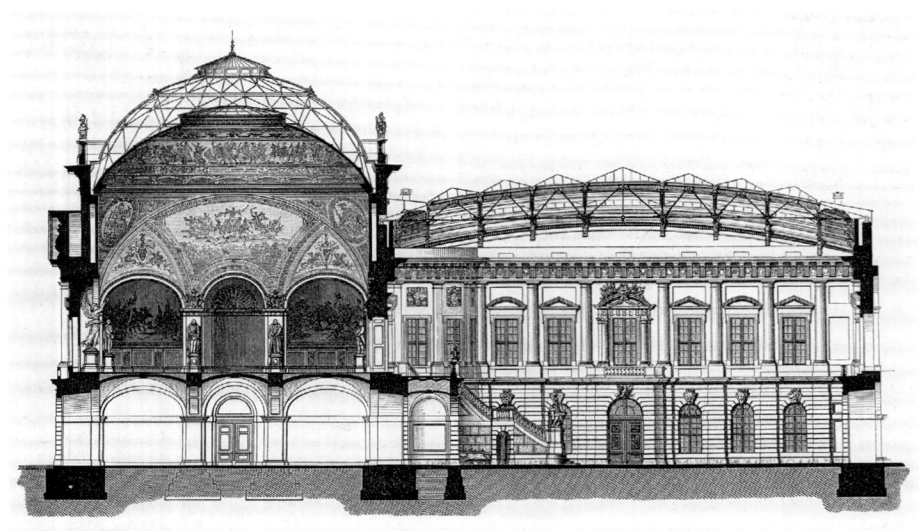

06_ Querschnitt durch den Hof, die Freitreppe und die Ruhmeshalle, nach dem Umbau 1877–80 / Cross section through the courtyard, open staircase and pantheon, after reconstruction in 1877–80

07_ Blick aus der Herrscherhalle in die westliche Feldherrenhalle. Im Vordergrund das Wandgemälde »Aufnahme der Gefallenen nach Walhalla« von Friedrich Geselschap und die Bronzestandbilder Friedrichs I. (re) und Friedrich Wilhelms I. (li), Aufnahme nach 1935 / View from the Rulers' Hall into the western Generals' Hall. In the foreground, Friedrich Geselschap's mural 'Admission of the Fallen into Walhalla' and the bronze statues of Frederick I (right) and Frederick William I (left), photo after 1935

08_ Gottesdienst bei der Fahnenweihe im Hof des Zeughauses am 1. Januar 1900 / Church service during the dedication of the flags in the courtyard of the Armoury on 1 January 1900

06

kriegen dekoriert. Das zweite Gemälde zeigt die »Kunst- und Rüstkammer« in der Mitte des Nordflügels. Wie im Südflügel, so erstreckte sich die künstlerische Gestaltung auch hier über die neun mittleren Joche. Die vier zentralen Pfeiler erhielten die Gestalt von prächtigen Säulen im dorischen Stil, die mit Gewehrläufen verkleidet waren. Im Nordflügel wurde als Pendant zu Friedrich Willhelm I. das ebenfalls bronzefarben getönte Gipsmodell des Blücher-Standbildes von Rauch aufgestellt. In dessen Hintergrund waren 1814/15 erbeutete französische Waffen dekoriert. In den Schränken befanden sich historische Hieb- und Stichwaffen vom Mittelalter bis zur Neuzeit; darüber waren prächtige Dekorationen aus Harnischen, Fahnen, Trommeln und anderen Trophäen aufgebaut. Zwischen den Schränken standen Prunkrüstungen, die aus der ehemaligen kurfürstlichen Rüstkammer und königlichen Kunstkammer stammten. Links im Hintergrund des Bildes ist die beeindruckende Gewehrwand zu sehen; je fünf Gewehre übereinander standen in langen Reihen auf Stellagen. Der fließende Übergang von den Schausammlungen zum Depot- und Magazinbereich wird damit sichtbar gemacht. Schinkels Museumsgestaltung wurde seinerzeit als vorbildhaft angesehen und das Zeughaus in zeitgenössischen Berichten bewundernd als »wahrer Waffentempel« bezeichnet.

Der Aufbau einer Waffen- und Modellsammlung in den Jahren 1815 bis 1831 war eine der entscheidenden Etappen in der Entwicklung des Berliner Zeughauses zu einem der bedeutendsten öffentlichen Heeresmuseen in Europa. Der Besuch der Sammlungen war zunächst nur nach Anmeldung möglich.

between the showcases. In the left background of the paintings, one can see the impressive wall of weapons; five firearms, one above the other, stood in long rows upon the showcases. The smooth transition from the exhibition to the warehouse and storage area becomes apparent. At the time, Schinkel's museum planning was regarded, in wonderment, as exemplary and the Armoury was described in contemporary reports as a "true temple of weapons".

The establishment of a weapon and model collection in the years 1815 to 1831 was one of the decisive stages in the development of the Berlin Armoury into one of the most important military museums in Europe. At first, however, it was possible to visit the collection by appointment only.

After the foundation of the German Reich in 1871, Emperor William I had the Armoury reconstructed once again in the years 1877 to 1880. The weapon arsenal was to be transformed into a museum and memorial building, a "pantheon of the Brandenburg-Prussian Army" based on plans by Georg Friedrich Hitzig (1811–81). In this way, the Armoury was definitively turned into a museum. The pantheon, with its extensive collection of paintings and sculptures, was one of the most expensive memorial projects of the Prussian state following the foundation of the Reich.

The project consisted of two parts: an architectural reconstruction and a historical pictorial programme. Construction was completed at the end of 1880. Among the most important structural alterations were the roofing-over of the courtyard, the vaulting of the upper floor and the domed hall in the middle of the north wing which was reached

07 08

Nach Gründung des Deutschen Reiches 1871 ließ Kaiser Wilhelm I. das Zeughaus in den Jahren 1877 bis 1880 erneut umbauen. Das Waffenarsenal sollte nach Plänen von Georg Friedrich Hitzig (1811–1881) in einen Museums- und Denkmalsbau, die »Ruhmeshalle der brandenburgisch-preußischen Armee«, verwandelt werden. Damit wurde das Zeughaus nun endgültig ein Museum. Die Ruhmeshalle mit ihrem umfangreichen Gemälde- und Skulpturenprogramm gehörte zu den aufwändigsten Denkmalsprojekten des preußischen Staates nach der Reichsgründung.

Das Projekt bestand aus zwei Teilen, einem architektonischen Umbau und einem historischen Bildprogramm. Ende 1880 war die Baumaßnahme fertiggestellt. Zu den wichtigsten baulichen Veränderungen gehörten die Überdachung des Hofes, die Wölbung des Obergeschosses und die Kuppelhalle in der Mitte des Nordflügels, zu der vom Innenhof eine geschwungene, doppelläufige Freitreppe hinaufführte. Eine solche Freitreppe zum nördlichen Flügel des Obergeschosses hatte interessanterweise bereits der Hofentwurf de Bodts von 1710 vorgesehen. Der Kuppelsaal bildete das Zentrum dieser brandenburgisch-preußischen Ruhmeshalle, die aus der Herrscherhalle und den sich links und rechts anschließenden Feldherrenhallen bestand.

Ab dem 8. November 1883 konnte das Publikum im Erdgeschoss die Artillerie- und Ingenieurwesenabteilung sowie im Obergeschoss die Waffensammlung besichtigen. Im überdachten Innenhof waren die im deutsch-französischen Krieg 1870/71 erbeuteten Geschütze und Fahnen aufgestellt. In den folgenden Jahren entwickelte sich das Zeughaus zu

from the inner courtyard over a curving, double flight of stairs. Interestingly, just such a flight of stairs, leading to the north wing of the upper floor, had been foreseen in the plans for the courtyard made by de Bodt in 1710. The domed hall formed the centre of the Brandenburg-Prussian pantheon, which consisted of the rulers' hall with the generals' halls to the left and right.

After 8 November 1883, the public could visit the artillery and engineering section, as well as the weapon collection on the upper floor. Weapons and standards taken in the German-French war of 1870/71 were exhibited in the covered inner courtyard. In the following years, the Armoury became one of Berlin's most popular museums. Its military-history collections were among the most famous in Europe at the end of the nineteenth century.

The elaborate artistic decoration of the pantheon took until 1891. The most important painters of the period, including Anton von Werner (1843–1915), Wilhelm Camphausen (1818–85) and Georg Bleibtreu (1828–92), created sixteen murals with scenes from the history of Brandenburg-Prussia and its army, especially for this hall. Among these were the coronation of Frederick I in Königsberg in 1701 and the proclamation of William I to emperor in Versailles in 1871. At the same time, numerous allegorical paintings were created by Friedrich Geselschap (1835–98) for the rulers' hall. In addition, eight bronze statues of the Hohenzollern were also part of the iconographic programme. Along with the 3.9-metre-high statue of 'Victory' and four bronze busts of Bismarck, Stein, Scharnhorst and Roon, thirty-two additional

09_ Lichthof mit *Borussia* von Reinhold Begas, Aufnahme nach 1930, Berlin, Messbildarchiv / *Atrium with Borussia by Reinhold Begas, photo after 1930, Berlin, Messbildarchiv*

10_ Verbindungstrakt zwischen Zeughaus und Weltkriegsmuseum, Entwurf, unausgeführt, 1941/42; Wilhelm Kreis, aus: Die Kunst im Deutschen Reich, 1943 / *Connecting tract between the Armoury and the World War Museum, plan, not executed, 1941/42; Wilhelm Kreis, from: Die Kunst im Deutschen Reich, 1943*

einem der beliebtesten Museen Berlins. Seine militärhistorischen Sammlungen gehörten am Ende des 19. Jahrhunderts zu den namhaftesten in Europa.

Die umfangreiche künstlerische Ausgestaltung der Ruhmeshalle dauerte bis 1891. Die bedeutendsten Maler der Zeit, darunter Anton von Werner (1843–1915), Wilhelm Camphausen (1818–1885) und Georg Bleibtreu (1828–1892), schufen hierfür 16 Wandgemälde mit Szenen aus der Geschichte Brandenburg-Preußens und seiner Armee, dazu zählten auch die Krönung Friedrich I. in Königsberg 1701 und die Kaiserproklamation zu Versailles 1871. Zugleich waren zahlreiche allegorische Wandgemälde von dem Maler Friedrich Geselschap (1835–1898) für die Herrscherhalle entstanden. Zum ikonographischen Programm gehörten darüber hinaus acht Bronzestandbilder der Hohenzollern. Zusammen mit einer 3,90 Meter hohen Viktoria aus weißem Marmor von Fritz Scharper (1841–1919) und vier Bronzebüsten von Bismarck, Stein, Scharnhorst und Roon sowie 32 Bronzebüsten in den angrenzenden Feldherrenhallen bildeten sie eine Versammlung der preußischen Helden, Könige und Feldherren. Für den Innenhof schuf 1885 Reinhold Begas (1831–1911) die 4,5 Meter hohe »Borussia« aus weißem Marmor.

Mit dieser Ruhmeshalle hatte Preußen nicht nur seiner Armee ein Denkmal gesetzt, sondern es sollte darüber hinaus auch identitätsstiftend wirken. Ab 1897 fanden hier jährlich am 27. Januar, dem Geburtstag von Wilhelm I., am Neujahrstag und bei weiteren Staatsanlässen feierliche Fahnenweihen statt. Bis zum Ende des Ersten Weltkrieges war das Zeughaus »Bildungsstätte« für die Jugend, Wall-

bronze busts in the neighbouring generals' hall formed a collection of Prussian heroes, kings and generals. Reinhold Begas (1831–1911) created a 4.5-meter-high, white marble statue of 'Borussia' for the inner courtyard.

Prussia not only created a memorial for its army with this pantheon, it also attempted, beyond this to create an identity. After 1897, a solemn presentation and dedication of the flags took place there on the birthday of William I, New Year's Day, and other official occasions. Until the end of World War I, the Armoury was an 'educational institution' for the youth, a place of pilgrimage for memorial and war societies, and a place of representation for the Hohenzollern.

The Armoury played a rather subdued role in the life of the Weimar Republic after the abdication of the Hohenzollern. In order to no longer have the reputation of being a "patriotic military educational institute" the collections were reorganized according to strictly scientific criteria. Just how little was really changed became apparent in the 1930s. The National Socialists, who had come to power, used the Berlin Armoury and Prussia's military traditions for their war propaganda. As early as in 1932, an exhibition on the Great War 1914/18 was opened. Its augmentation, in 1936, through numerous temporary exhibitions, was aimed at revising the picture of the lost war. At that time, this presentation took up one third of the entire exhibition area. In the same year, at the time of an unmistakable military build-up, a "training and study room" was opened in the Armoury in which the handling of old and new weapons could be practised using the models on display.

10

fahrtsort für die Kriegervereine und Repräsentationsstätte
für die Hohenzollern.

Nach Abdankung der Hohenzollern und während der
Weimarer Republik spielte das Zeughaus eine eher verhaltene
Rolle. Um nicht länger in dem Ruf einer »patriotisch-militä-
rischen Erbauungsanstalt« zu stehen, wurden die Sammlungen unter streng wissenschaftlichen Kriterien neu geordnet. Wie wenig sich aber grundsätzlich verändert hatte,
wurde in den 1930er-Jahren deutlich. Die an die Macht
gelangten Nationalsozialisten nutzten das Berliner Zeughaus und die militärischen Traditionen Preußens für ihre
Kriegspropaganda. Bereits 1932 eröffnete man eine Ausstellung über den Weltkrieg 1914–18. Deren Erweiterung 1936
durch zahlreiche Wechselausstellungen zielte darauf ab, das
Bild des verlorenen Krieges zu revidieren. Diese Präsentation
nahm ein Drittel der gesamten Schausammlungsfläche ein.
Im gleichen Jahr wurde im Zuge der offenen militärischen
Aufrüstung ein »Lehr- und Studienkabinett« im Zeughaus
eröffnet, in dem anhand von Modellen, alten und neuen Waffen die Handhabung von Kriegsgerät geübt werden konnte.

1941 entstanden im Rahmen der nationalsozialistischen
Stadtplanung für die Reichshauptstadt Berlin auch Pläne
für ein neues, monumentales Zeughaus – das Weltkriegsmuseum –, zu dem der Architekt Wilhelm Kreis (1873–1955)
erste Entwürfe fertigte. Es war hierfür ein freiliegender Erweiterungsbau am Kupfergraben vorgesehen. Durch einen
ebenerdigen Trakt sollte er direkt mit dem Zeughaus verbunden werden. Entsprechend der Konzeption sollte das
Museum Waffen und Trophäen des Ersten und Zweiten

In 1941, as part of the National Socialists' city planning for
the Reich's capital, Berlin, projects were initiated for a new
monumental Armoury: the World War Museum. Preliminary
plans were drawn up by the architect Wilhelm Kreis (1873–
1955) for what was intended as an elongated, exposed
extension building on Kupfergraben. It was to be connected
directly with the Armoury by a ground-floor tract. In keeping
with the concept, the museum would exhibit weapons
and trophies from both World Wars. These designs formed
part of the plans for a new museum district, which was to
include an ethnological museum, an East Asian museum, an
Egyptian museum and a Germanic museum. The extensions
were intended to overshadow the buildings on the Museum
Island, in all respects. In 1943, all of these activities were
suspended because of World War II.

Several museums had already been closed at the outbreak of war, but the Armoury remained open until September 1944 as a part of National Socialist propaganda.
Immediately after the outbreak of war, valuable items from
the collection were evacuated. During the war, these objects
were transferred to several different locations, whereby
many pieces were lost and the collections scattered to the
four winds. In 1944/45, the Armoury was seriously damaged
by bomb and grenade hits. The toll on the west and east
wings was particularly heavy. The façades were shot open
in several places and the inner vaults severely shaken. The
upper floor was completely gutted by fire. In addition, the
majority of the sculptures on the balustrade were destroyed
by the blaze.

11

12

Weltkrieges aufnehmen. Diese Entwürfe waren Teil der
Planungen für ein neues Museumsviertel, die auch ein Völ-
kerkundemuseum, ein Ostasiatisches Museum, ein Ägypti-
sches Museum und ein Germanisches Museum vorsahen.
Die Erweiterungen sollten die Bauten der alten Museumsinsel in jeder Hinsicht übertreffen. 1943 wurden alle diese
Planungen kriegsbedingt eingestellt.

Während einige Museen bereits mit Kriegsausbruch
geschlossen wurden, war das Zeughaus als Teil der nationalsozialistischen Propaganda bis September 1944 geöffnet.
Sofort nach Ausbruch des Krieges hatte man mit der Ausla-
gerung wertvoller Sammlungsobjekte begonnen. Diese
wurden im Laufe der Kriegsjahre noch mehrfach an andere
Orte verbracht, wobei zahlreiche Stücke verloren gingen und
die Sammlungen in alle Himmelsrichtungen verstreut wurden. 1944/45 beschädigten Bomben- und Granateinschläge
das Zeughaus schwer. Insbesondere der West- und Ostflügel
waren davon betroffen. Die Fassaden wurden mehrfach
durch Einschüsse aufgebrochen und die Gewölbe im Innern
stark erschüttert. Das Dachgeschoss brannte völlig aus.
Darüber hinaus wurden die Skulpturen der Balustrade zu
einem großen Teil durch das Feuer zerstört.

Unmittelbar nach Ende des Zweiten Weltkrieges disku-
tierte man die weitere Nutzung des Zeughauses und erör-
terte in den Folgejahren verschiedene Varianten, auch die
eines zeitgeschichtlichen Museums. Mit dieser Überlegung
knüpfte man an die Nutzungstradition des Zeughauses
als Museum an, obwohl von Seiten der Alliierten zuallererst
sogar der vollständige Abriss des Gebäudes erwogen worden

Immediately after the end of World War II, discussions were
held on the future use of the Armoury and, in the following
years, various ideas were discussed, including its operation
as a museum of contemporary history. This would con-
tinue the tradition of using the Armoury as a museum,
although the Allies also considered the total demolition of
the building. On 18 October 1945, the Allied Headquarters
of the city of Berlin, under the leadership of French Brigadier
General de Beauchesne, decided to liquidate "the Armoury,
that symbol of German militarism" with its collection of
war trophies collected "through robbery and plundering".
The manner in which this liquidation was to occur was not
decided at the time.

On 12 July 1947, the Soviet military administration ordered
that the Armoury become the city art museum, under the
direction of Berlin's museum administration. This decision
was taken not least as a result of the endeavours made
by the General Director of the government museums, Ludwig Justi (1876–1957). On 21 November 1947, the Armoury
was finally transferred into the area of responsibility of the
central administration for public education.

In spite of the war damage, it already became possible
to use the building for exhibitions in the first years after
1945. The chequered reconstruction period began in 1948
and dragged on until 1967. The reconstruction of the
Armoury shows certain parallels to its construction during
the Baroque period: the reconstruction of the building was
carried out by several architects taking over from the previous one; the function of the building was also changed

war. Am 18. Oktober 1945 hatte dann die Alliierte Kommandantur der Stadt Berlin unter dem Vorsitz des französischen Kommandanten Brigadegeneral de Beauchesne beschlossen, »das Kriegsmuseum Zeughaus« – dieses »Symbol des deutschen Militarismus« mit seinen Sammlungen von Kriegstrophäen, die »durch Raub und Plünderung« erworben wurden – zu liquidieren. Die Art und Weise der Liquidation war zu diesem Zeitpunkt jedoch noch nicht entschieden worden.

Ein Befehl der sowjetischen Militäradministration vom 12. Juli 1947 bestimmte daraufhin das Zeughaus zum städtischen Kunstmuseum, das nun der Berliner Museumsverwaltung unterstand. Dieser Entschluss war auch auf das Bemühen des Generaldirektors der Staatlichen Museen, Ludwig Justi (1876–1957), zurückzuführen. Am 21. November 1947 wechselte das Zeughaus schließlich in den Zuständigkeitsbereich der Zentralverwaltung für Volksbildung.

Trotz der Kriegsschäden konnte das Gebäude bereits in den ersten Jahren nach 1945 für Ausstellungszwecke genutzt werden. Der wechselvolle Wiederaufbau begann 1948 und zog sich bis 1967 hin. Beim Wiederaufbau des Zeughauses sind Parallelen zu seiner Errichtung während der Barockzeit zu erkennen: Die Wiederherstellung des Gebäudes führten ebenfalls mehrere nacheinander agierende Architekten aus; auch wurde die Nutzungsfunktion während der Bautätigkeit mehrmals verändert. Ziel des Wiederaufbaues war es, das Gebäude in seiner ursprünglichen – barocken – Form wiederherzustellen, was die Rekonstruktion der Außen- und Hoffassaden, der Gewölbe im Erdgeschoss sowie den Verzicht auf alle Ein- und Umbauten aus dem 19. Jahrhundert

several times during construction. The aim of the renovation was to recreate the building's original – Baroque – form, which led to the reconstruction of the façades of the exterior and courtyard, the vaults on the ground floor, as well as the elimination of all the renovations and renewals carried out during the nineteenth century, such as the dome over the north wing, the vaulting of the upper floor and the open staircase in the inner courtyard. This decision to restore the exterior and courtyard façades, faithful to the original, was never altered, in spite of the frequent changes in the post of chief architect and in the plans for the building's use.

The German central administration for public education commissioned that the Armoury be rebuilt according to plans by the architect Werner Harting (1904–87) and transformed into a "House of German Culture". At that time, a

11_ Sonderausstellung im Zeughaushof mit Beutestücken aus dem Polen- und Frankreich-Feldzug, Aufnahme 1940 / Special exhibition in the Armoury courtyard with booty from the Polish and French campaigns, photo 1940

12_ Ostseite des zerstörten Zeughauses, Aufnahme nach 1945 / East side of the destroyed Armoury, photo after 1945

13_ Der Einbau des Stahlskeletts in den Südflügel, Aufnahme Ende 1950 / The construction of the steel skeleton in the south wing, photo late 1950

14_ Zeughaus, Empfangshalle, unausgeführter Entwurf, 1951; Haesler/Völker / Armoury, reception area, plan, not realised, 1951; Haesler/Völker

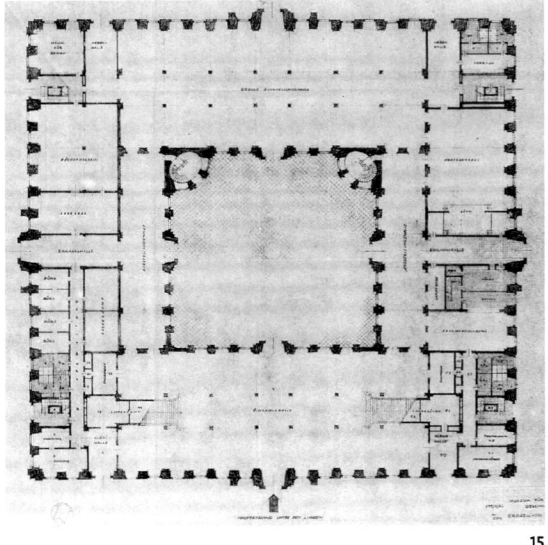

wie die Kuppel über dem Nordflügel, die Wölbung des Obergeschosses und die Freitreppe im Innenhof zur Folge hatte. Diese Entscheidung für die möglichst originalgetreue Restaurierung der Außen- und Hoffassaden wurde trotz des häufigen Wechsels der geplanten Nutzungsfunktion und der leitenden Architekten nicht revidiert.

Im Auftrag der Deutschen Verwaltung für Volksbildung sollte das Zeughaus nach den Entwürfen des Architekten Werner Harting (1904–1987) wiederaufgebaut und zum »Haus der deutschen Kultur« umgestaltet werden. Ein Theater, ein Kino, ein Kammermusiksaal und Ausstellungsräume gehörten zum damaligen Raumprogramm.
Ferner war ein Dachgartenrestaurant geplant, das zwei Aussichtsplattformen an der Südseite aufnehmen sollte.

Aufgrund des schlechten Zustandes des Gesteinsmaterials musste man sich 1950 jedoch zur völligen Entkernung des Zeughauses und zum Einbau einer Stahlskelettkonstruktion entschließen. Dies bedeutete den Verlust der einzigartigen barocken Raumform. Der Wiederaufbau gliederte sich in der Folgezeit in zwei Teile: zum einen in die originalgetreue Wiederherstellung der barocken Fassadenarchitektur unter Verwendung und Ergänzung der historischen Bausubstanz, zum anderen in die Planung und Umsetzung einer völlig neuen Innenarchitektur.

Anfang 1950 gab es den ersten Planungswechsel. Der Auftraggeber – inzwischen das Ministerium für Volksbildung der DDR – plante zu diesem Zeitpunkt, ein »Kulturhistorisches Museum« im Zeughaus einzurichten. An Hartings Stelle trat das Kollektiv Otto Haesler (1880–1962) und Karl

theatre, cinema, chamber-music hall and exhibition rooms were all on the programme. In addition, there were plans for a rooftop restaurant with two observation platforms on the south side.

Owing to the poor condition of the stone used in construction, it became necessary to completely gut the Armoury in 1950 and it was decided to install a steel skeleton construction. This meant the loss of the unique Baroque room form. In the following period, the reconstruction was divided into two areas: on the one hand, the reconstruction of the Baroque architecture of the façade, using, and supplementing, the historical structural fabric and, on the other, the planning and installation of a completely new interior architecture.

At the beginning of 1950, plans were changed. The commissioner – in the meantime, this had become the Ministry of Public Education of the GDR – planned to erect a 'Museum of Cultural History' in the Armoury. The team of Otto Haesler (1880–1962) and Karl Völker (1889–1962) took over Harting's position and were commissioned with the construction of the 'Museum of German History' in accordance with the latest formulation of content.

This new alteration in the function of the Armoury was preceded by the third party conference of the German Socialist Unity Party in July 1950. Here, calls were made for a scientific reappraisal of the history of Germany and its labour movement "to provide the correct education for the coming generation and to develop the battle for the national unity of Germany". At a meeting of the party's central

MUSEUM FÜR DEUTSCHE GESCHICHTE · GROSSE EMPFANGSHALLE

Völker (1889–1962), die gemäß der neuesten inhaltlichen Aufgabenstellung jetzt mit dem Aufbau des »Museums der deutschen Geschichte« betraut wurden.

Dieser erneuten Veränderung der Nutzungsfunktion ging der III. Parteitag der SED im Juli 1950 voraus. Auf ihm wurde die wissenschaftliche Ausarbeitung der Geschichte Deutschlands und seiner Arbeiterbewegung »zur richtigen Erziehung der heranwachsenden Generation und zur Entfaltung des Kampfes für die nationale Einheit Deutschlands« gefordert. Auf einer Sitzung des Zentralkomitees der SED am 16. August 1950 fasste man den Beschluss, in Berlin ein »Geschichtliches Museum« zu gründen. In der Frage der Namensgebung entschied man sich für ein »Museum der deutschen Geschichte«, das seinen Sitz in dem im Wiederaufbau befindlichen ehemaligen Zeughaus haben sollte.

Diese Veränderung der geplanten Nutzung des Zeughauses im Verlauf des Wiederaufbaues – 1948 »Haus der deutschen Kultur« und im September 1950 »Museum der deutschen Geschichte« – zeigt deutlich, dass die Gründung des »Museums für Deutsche Geschichte« (so die Bezeichnung ab September 1951) letztlich eine Reaktion von Seiten der DDR auf die politische Entwicklung des Jahres 1949 – die Teilung Deutschlands – war.

Lediglich Hartings Planungsgrundsatz, die Ein- und Umbauten für die Ruhmeshalle zu entfernen und dabei auch den Lichthof von seiner Überdachung zu befreien, wurde beibehalten. Im November 1951 sah die Planung im Wesentlichen bereits die heute vorhandene Gebäudestruktur vor. Das gilt jedoch nicht für die von Haesler und Völker im Stil

committee, held on 16 August 1950, the decision was taken to create a 'History Museum' in Berlin. 'Museum of German History' was the name selected and the chosen location was the former Armoury. which was then under reconstruction.

This change in the planned use of the Armoury during reconstruction – 1948, 'House of German Culture' and in September 1950, 'Museum of German History' – showed that this 'Museum for German History' (the official name after September 1951) was a reaction by the GDR to the political developments of 1948 – the division of Germany.

Only Harting's basic plan to remove the renovations and renewals of the pantheon, and, at the same time, freeing the atrium of its roof was retained. In November 1951, the plans essentially showed the structure as we know it today. However, this does not apply to the interior architecture, planned

15_ Museum für Deutsche Geschichte, Grundriss vom Erdgeschoss, 30. 5. 1952 / Museum for German History, ground plan of the ground floor, 30. 5. 1952; VEB Projektierung Berlin

16_ Museum für Deutsche Geschichte, Zimmer des Direktors, ausgeführter Entwurf, 27. 3. 1953; Voissem/ Wildner (VEB Projektierung Berlin) / Museum for German History, director's office, plan, realised, 27. 3. 1953; Voissem/ Wildner (VEB Projektierung Berlin)

17_ Museum für Deutsche Geschichte, Große Empfangshalle, ausgeführter Entwurf, 1952; VEB Projektierung Berlin / Museum for German History, main reception hall, plan, realised, 1952; VEB Projektierung Berlin

18_ Museum für Deutsche Geschichte, Eingangshalle, Aufnahme 1954 / *Museum for German History, entrance hall, photo 1954*

19_ Ständige Ausstellung des Museums für Deutsche Geschichte, »Bürgerlich-demokratische Revolution 1848–1849«, im Obergeschoss, Aufnahme 1990 / *Permanent exhibition of the Museum for German History, 'Civil-Democratic Revolution 1848–1849', on the upper floor, photo 1990*

20_ Ständige Ausstellung des Museum für Deutsche Geschichte, »Sozialistisches Vaterland DDR«, im Erdgeschoss, Aufnahme 1990 / *Permanent exhibition of the Museum for German History, 'Socialist Fatherland DDR', on the ground floor, photo 1990*

der 1920er-Jahre geplante Innenarchitektur, die der in der DDR geführten Architekturdebatte zum Opfer fiel: Diese lehnte den sachlichen Bauhausstil ab und forderte ein Bauen in »nationaler Tradition«. Der Streit um die Innenarchitektur führte 1952 dann auch zur Beendigung des Arbeitsverhältnisses von Haesler und Völker.

Ab 1951 war das Staatssekretariat für Hochschulwesen neuer Bauherr, der nun den »VEB Projektierung Berlin« (Oberbauleitung, Bauausführung) und das »Entwurfsbüro für Hochbau II Berlin« (Raumgestaltung und Architektur) mit Theodor Voissem und Wildrer als verantwortliche Architekten mit der Fertigstellung des Zeughauses betraute. Mit dieser Beauftragung wurde die dritte Phase des Wiederaufbaues eingeleitet. Eine überarbeitete Entwurfsplanung vom Mai 1952 übernahm zwar im Wesentlichen die konzeptionellen Überlegungen von Haesler und Völker, sah aber auch erhebliche Änderungen im Raumprogramm vor. Neben der vertikalen Haupterschließung über die beiden symmetrischen Freitreppenanlagen im Mittelschiff des Lindenflügels (Foyer) wurden in den vier Gebäudeecken Fluchttreppenhäuser angeordnet, die auch die neuen Zwischengeschosse im West- und Ostflügel sowie das Dachgeschoss zugänglich machten. Über die Mittelportale des West- und Ostflügels gelangte man nun über Eingangshallen direkt zu den Ausstellungsbereichen. Die Ausgestaltung des Innern entsprach der geforderten historisierenden Architektursprache im Sinne des »Nationalen Bauens«. Der Kinosaal, die Bibliothek sowie die Nordhalle im Erdgeschoss wurden erst mit Beginn der 1960er-Jahre – allerdings schon in einer sachlicheren,

by Haesler and Völker in the style of the 1920s, which fell victim to an architectural debate in the GDR: the matter-of-fact Bauhaus style was turned down and demands made for work to be carried out in the "national tradition". In 1952, this dispute about the interior architecture led to the cancellation of Haesler and Völker's commission.

After 1951, the government administration for universities became responsible and commissioned the 'VEB Projektierung Berlin' (Government Planning Office for Berlin) with the overall management and construction and the 'Entwurfsbüro für Hochbau II Berlin' (Berlin Design Office for Building Construction II) with the interior decoration and architecture. This work was to be carried out with Theodor Voissen and Wildner as the architects responsible for the completion of work on the Armoury. This commission initiated the third stage of reconstruction. In May 1952, a reworked plan essentially employed Haesler and Völker's concept with, however, considerable changes to the spatial programme. Along with the vertical main access over the two symmetrical staircases in the central nave of the Linden wing (foyer), emergency staircases were placed in the four corners of the building which made the new mezzanine floors in the west and east wings, as well as the top floor, accessible. It now became possible to enter the exhibition area directly from the central portals of the west and east wings through the entrance hall. The interior decoration satisfied the requirements for a historicised architectural style in the sense of "national building". The cinema and library, as well as the north hall on the ground floor, were not con-

modernen Architektursprache – ausgeführt. Damit war die vierte und letzte Phase des Wiederaufbaues abgeschlossen.

Ab 1952 hatte das neue Museum für Deutsche Geschichte, dessen Aufgabe die Vermittlung des marxistisch-leninistischen Geschichtsbildes war, seinen Sitz im Zeughaus. Da das Gebäude flügelweise wiederaufgebaut wurde, konnte im Lindenflügel bereits im März 1953 die erste Ausstellung des Museums für Deutsche Geschichte eröffnet werden: »Karl Marx«. Der West- und Ostflügel waren bis 1959 im Rohbau fertiggestellt. Der endgültige Innenausbau konnte 1967 abgeschlossen werden. Der Wiederaufbau nach dem Zweiten Weltkrieg, in erster Linie der Innenausbau des Zeughauses, ist gleichsam ein Spiegelbild der politischen Entwicklung und des damit verbundenen Wandels der Architekturauffassung in der DDR innerhalb des ersten Jahrzehnts ihres Bestehens.

Im Zuge der Wiedervereinigung erfolgte im August 1990 durch einen Beschluss des Ministerrates der letzten Regierung der DDR die Auflösung des Museums für Deutsche Geschichte. Zunächst nur als vorübergehendes Domizil für das bis dahin im Westteil von Berlin geplante Deutsche Historische Museum gedacht, bestimmte die Bundesregierung 1992 das Zeughaus zum endgültigen Sitz für das im Aufbau befindliche deutsche Geschichtsmuseum. Es zeigte sich jedoch, dass das Gebäude in seiner technischen Ausstattung viele Anforderungen des modernen Museumswesens nur unvollkommen erfüllen konnte. Man beschloss daher, die Fläche für Wechselausstellungen auszulagern und für diesen Zweck einen Neubau, eine Ausstellungshalle, nördlich

structed until the beginning of the 1960s – however, in a much more prosaic, modern style. This completed the fourth and final phase of reconstruction.

After 1952, the new Museum for German History – its goal being to impart a Marxist-Leninist view of history – was installed in the Armoury. The building was reconstructed, wing by wing, and, in March 1953, the Museum for German History opened its first exhibition: 'Karl Marx'. The shells of the west and east wings were completed in 1959. The final interior conversion was completed in 1967. The reconstruction after World War II – with the interior decoration of the Armoury as a prime example – is, so to speak, a reflection of the political development and resulting change in the architectural attitude in the GDR during the last decade of its existence.

Following the reunification of Germany in August 1990, the Council of Ministers of the last government of the GDR decreed the dissolution of the Museum for German History. Although initially foreseen as a temporary location for the German Historical Museum due to be built in the western part of Berlin, the federal government decided, in 1992 during the process of reunification, to make the Armoury the final site of a central German museum of history which was being developed. However, it became clear that the technical resources of the building could not completely satisfy many of the demands placed on a modern museum. Therefore, the decision was made to relocate the area used for temporary exhibitions and to create a new exhibition hall, north of the Armoury, for this purpose. This building,

21_ Modell Zeughaus mit Erweiterungsbau (Ausstellungshalle von I. M. Pei) im städtebaulichen Umfeld / Model of the Armoury with the extension (I. M. Pei's exhibition hall) in its urban environment

21

des Zeughauses zu errichten. Das nach einem Entwurf von I. M. Pei gebaute Haus ist über eine unterirdische Passage mit dem Zeughaus verbunden.

Für den Umbau des Zeughauses lobte man 1998 einen Realisierungswettbewerb unter sieben ausgewählten Architekten- und Ingenieurarbeitsgemeinschaften aus, aus dem das Berliner Büro Winfried Brenne Architekten als erster Preisträger hervorging. Aufgabe war es, »den gestalterischen und funktionalen Anforderungen an ein modernes Museum und den Qualitäten der Bausubstanz des Barockbaues und des Wiederaufbaues aus den 1950er- und 60er-Jahren dieses Jahrhunderts gerecht« zu werden. Die Jury würdigte vor allem »die großzügige Nutzung des Obergeschosses als zusammenhängender Ausstellungsbereich«. Ebenso fand das dezentrale, innovative Konzept der Klimatisierung besondere Anerkennung, durch welches das Gebäude frei von zusätzlichen Be- und Entlüftungskanälen, abgehängten Decken etc. gehalten werden konnte. Von 1999 bis 2003/04 wurde das Innere des Zeughauses von dem Büro Winfried Brenne Architekten für die Dauerausstellung des DHM grundlegend erneuert.

Dem Umbau des Zeughauses ging eine intensive Bauforschung voraus. Aus der Zeit des 19. Jahrhunderts konnten Reste der früheren Freitreppen im Schlüterhof freigelegt werden, die unter Hitzig als Zugang zur Ruhmeshalle im Obergeschoss geschaffen worden waren. Aus dieser Umbauphase stammen auch Relikte des Mosaikfußbodens im Obergeschoss, zu besichtigen im Bereich der erhaltenen Bronzetür im Nordflügel. Auch die historischen Lüftungs-

constructed according to plans by I.M. Pei, is connected to the Armoury by an underground corridor.

A competition between seven selected architecture and engineering offices for the realisation of the reconstruction of the Armoury was organised in 1998, with Winfried Brenne Architects emerging as the first-prize winner. The assignment was to "do justice to the architectural and functional demands of a modern museum and the qualities of the architectural fabric of the Baroque building and the reconstruction dating from the 1950s and 60s of this century". The jury particularly praised the "generous use of the upper storey as a coherent exhibition area". The decentralised, innovative concept for the air-conditioning, keeping the building free of any ventilation systems, conduits, suspended ceilings, etc., was also highly praised. The interior of the Armoury was fundamentally renewed by the Winfried Brenne Architects office from 1999 to 2003/04 in order to be used for the permanent exhibition of the German Historical Museum.

The renovation of the Armoury was preceded by extensive research. Remains of an earlier outside staircase in the Schlüter court, dating from the nineteenth century, which Hitzig had created as an entrance to the pantheon on the upper floor, were exposed. Remnants of the mosaic floor of the upper storey, which can be seen near the preserved bronze door of the north wing, also date from this period of renovation. The historic ventilation grilles in the ground floor in front of the enclosing wall of the house, as well as remnants of the flooring made of natural stone, most probably originate from the nineteenth century.

gitter im Erdgeschoss vor den Umfassungsmauern des Hauses sowie Reste des Bodenbelages aus Natursteinpflaster stammen vermutlich aus dem 19. Jahrhundert.

Die Raumkomposition und Nutzungsstruktur in Brennes Entwurf lässt die Gebäudestruktur der Barockzeit klar erkennen und wird dennoch den heutigen Anforderungen an ein Museum gerecht. Um zusätzliche Ausstellungsflächen zu gewinnen, wurden im Westflügel des Erdgeschosses Bibliothek, Lesesaal und Buchmagazin aus den 1950er-Jahren vollständig entfernt. Aufgrund eines ausgeklügelten Brandschutzkonzeptes kommen im Obergeschoss die dreischiffigen Hallen ohne eine einzige Abtrennung oder störende Unterteilung aus. Damit ist der zu Zeiten Schinkels bereits vorhandene Raumeindruck in seiner Gesamtheit wieder erlebbar.

Im Erdgeschoss blieben die Eingangshalle im Südflügel und die Sondernutzungsbereiche im Ostflügel mit Restaurant/Café und Kino im Wesentlichen erhalten. Das Kino wurde unter weitgehender Beibehaltung des ursprünglichen Erscheinungsbildes so umgestaltet, dass es sowohl als ausstellungsintegrierter Multivisionsraum wie auch als autarkes Abendkino oder als Tagungs- und Konferenzraum für bis zu 166 Personen genutzt werden kann. Die vertikale Erschließung im Gebäude erfolgt weitgehend über die vorhandenen Treppenanlagen. Zur behindertengerechten Verbindung der Ausstellungsflächen im Erdgeschoss und im Obergeschoss wurde ein entsprechender Besucheraufzug eingebaut.

Bei den Planungen für den Umbau des Zeughauses und den Neubau der Ausstellungshalle wurde die Entscheidung getroffen, den Schlüterhof – wie schon 1880 – wieder zu überdachen, um den Besuchern eine bequeme Verbindung zwischen Dauerausstellung (Zeughaus) und Wechselausstellungen (Ausstellungshalle von I. M. Pei) zu ermöglichen. Der nach dem Entwurf von I. M. Pei und dem Büro Schlaich, Bergermann und Partner neu überdeckte Schlüterhof bietet mit seiner Abmessung von ca. 40 x 40 Metern nicht nur eine in Berlin einmalige räumliche Situation, sondern ist zugleich für Museumsbesucher ein idealer Treffpunkt und Ruheort.

Mit den in den vergangenen Jahren durchgeführten aufwändigen Restaurierungs- und Umbauarbeiten hat das Zeughaus Außen wie Innen weitgehend seinen ursprünglichen baulichen Charakter wieder erhalten. Trotz seiner wechselvollen Baugeschichte ist das Gebäude seiner architektonischen Bestimmung jedoch stets treu geblieben: Es war immer ein *magasin* zur Präsentation von Sammlungen, ein »Schatzhaus« für kostbare historische Zeugnisse sowie ein Ort der Betrachtung und Erkenntnis.

The spatial concept and organisation for use, shown in Brenne's plans, permit the original structure of the building, from the Baroque era, to be easily recognized while, at the same time, fulfilling the requirements of a modern museum. In order to obtain additional exhibition space, the library, reading-room and book storage areas on the ground floor, dating from the 1950s, were completely removed. The sophisticated fire-protection concept made it possible for the upper floor of the three-nave hall to be spared any disturbing divisions. In this way, it once again becomes possible to experience the spaciousness, in its totality, as it was in Schinkel's time.

On the ground floor, the entrance hall of the south wing and the special areas of the east wing with the restaurant/café and cinema have been preserved. The cinema was redesigned, maintaining its original appearance as much as possible, so that it can be used as a multi-vision area for exhibitions, as well as an independent cinema in the evenings, or as a meeting and conference room with space for up to 166 persons. The vertical access to the building was created mainly using the existing staircases. An elevator was installed to permit access for the handicapped to exhibition areas on the ground and upper floors.

When planning the reconstruction of the Armoury and the new construction of the exhibition hall, the decision was made to roof over the Schlüter court once again – as in 1880 – in order to provide the visitors with a comfortable connection between the permanent exhibition (Armoury) and temporary exhibitions (I. M. Pei's exhibition hall). The newly roofed Schlüter courtyard, measuring about 40 x 40 metres, constructed according to plans by I.M. Pei and the Schlaich, Bergermann and Partners Office, provides Berlin not only with a unique spatial environment but is also an ideal place for museum visitors to meet and relax.

Through the extensive restoration and reconstruction activities carried out in recent times, the Arsenal has, to a large degree, once again attained its original character – both internal and external. In spite of its chequered history, the building has always remained faithful to its calling: it was always a "storehouse" for the presentation of collections, a "treasury" for valuable, historical testimonies as well as place for edification and instruction.

Östlicher Treppenaufgang zum Ausstellungsbereich mit
Stuckrosetten und Deckenbeleuchtung aus den 1950er-/50er-
Jahren / Eastern staircase to the exhibition area with stucco
rosettes and the ceiling lighting from the 1950s/60s

Blick in den Ostflügel, originale Pfeilerverkleidung aus den 1950er-/60er-Jahren, Thüringer Travertin, neuer Fußboden aus Eichenparkett (Schiffsboden) / View into the east wing, original 1950s/60s pillar panelling of Thuringian travertine; new oak parquet flooring

Blick in den oberen Ausstellungsbereich, schmiedeeisernes Geländer, entworfen und ausgeführt von Fritz Kühn, 1952 / View into the upper exhibition area, wrought-iron banisters, designed and executed by Fritz Kühn, 1952

Barocke Wendeltreppe im östlichen Treppenhaus im Innenhof des Zeughauses
Baroque spiral staircase in the eastern stairwell in the inner courtyard of the Armoury

Innenseite der Bronzetür mit allegorischen Darstellungen vom Leben und Tod eines antiken Kriegers (Entwurf Otto Lessing, Bildhauer) im Nordflügel des Obergeschosses (ehemals Herrscherhalle der brandenburgisch-preußischen Ruhmeshalle), um 1881 / Inner side of the bronze door with allegorical depictions of the life and death of an ancient warrior (design: Otto Lessing, sculptor) in the northern wing of the upper floor (former Rulers' Hall in the Brandenburg-Prussian pantheon), around 1881

Blick vom Osten in den Nordflügel im Obergeschoss mit Bronzetür
View from the east into the north wing of the upper floor with bronze door

Südost-Ecke im Obergeschoss mit Blick in Richtung Schlossplatz
South-east corner in the upper floor with a view towards Castle Square

Blick auf den Zugang des westlichen Treppenhauses, Obergeschoss
View towards the entrance to the western stairwell, upper floor

Vorraum zu den Service-Einrichtungen und dem Besucheraufzug im Ostflügel
Anteroom to the service facilities and visitors' lift in the east wing

Flurbereich im Dachgeschoss mit Büros, Archiv- und Technikräumen
Upper floor hallway with offices, archives and technical areas

Die Gigantenmasken im Berliner Zeughaus
The Masks of the Giants in the Berlin Armoury

Hans Ottomeyer

Das Berliner Zeughaus ist, im Gegensatz zu allen anderen Zeughäusern Europas, ein Bau, der durch seine Bildwerke und Ornamente eine Bedeutungsüberhöhung erfuhr, die ihn zu einem der hervorragendsten Barockbauwerke Deutschlands macht.

Ursprünglich waren die Arsenale reine Zweckbauten, die, von einem Wassergraben umgeben und ebenerdig ohne Kellergeschoss gebaut, dazu dienten, eine Fülle von Geschützen und Waffen in geordneter Form unterzubringen. Die sinnfälligste Vorform dazu war das Marinearsenal in Amsterdam von 1656, das, nur über Brücken erreichbar, in einem quadratischen Gebäude über einen quadratischen Hof verfügte, in dem die niederländische Marine ihre Ausrüstungsgegenstände aufbewahrte und präsentieren konnte.

Über den spartanischen Stil des Amsterdamer Vorbilds geht der neugegründete Prachtbau an der Straße Unter den Linden weit hinaus. Die Fassade ist gegliedert durch Metopen, Attika und Schlusssteine, die mit einem beziehungsreichen Bildprogramm ausgestattet sind, das seiner Interpretation noch weitgehend harrt. Die trophäengekrönte Hauptfassade hat zur Straße Unter den Linden hin ein aufwändig geschmücktes Mittelportal, in dessen Mittelnische sich das Medaillonporträt König Friedrichs I. von Preußen (1657–1713) befindet, den links der brandenburgische Adler und rechts der ein Blitzebündel haltende Jupiteradler – wie Wappenhalter – umrahmen. Darüber flankieren Fama und Viktoria das gekrönte preußische Königswappen mit der Collane des preußischen Schwarzen Adlerordens. Die lateinische Inschrift lautet übersetzt: »Den Waffentaten zur Anerkennung, den Feinden zum Schrecken, seinen Freunden und Bundesgenossen zum Schutz, hat Friedrich I., der erhabene und unbesiegte König der Preußen, dieses Zeughaus zur Bergung aller Kriegswerkzeuge sowie kriegerischer Beute und Trophäen von Grund aus erbauen lassen im Jahre 1706.« Im Giebelfeld darüber empfängt Minerva, mit Aegis und Medusahaupt geschmückt, aus den Händen bärtiger Schmiede unter Führung des Vulcanus Waffen und Rüstungen, um sich für den Krieg zu wappnen. Damit wird die kluge Vorsorge der römischen Kriegsgöttin dargestellt, die vorausschauend handelt. Die Metopen der toskanischen Ordnung

In contrast to all other armouries in Europe, the Berlin Armoury is a building which, through its decoration and ornamentation, was elevated in importance to become one of the most outstanding Baroque edifices in Germany.

Originally, arsenals were purely functional buildings, surrounded by a moat, constructed of a single storey without a cellar, and served as an orderly storage place for a profusion of firearms and other weapons. The most prominent archetype was the marine arsenal in Amsterdam consisting of a square building on a square courtyard and which could only be reached over bridges. Here, the Netherlands Marine stored and exhibited its armaments.

The newly-founded, stately building on the Unter den Linden boulevard went far beyond the spartan style of its Amsterdam model. Its façade is structured of metopes, atticas and keystones decorated with a pictorial programme, full of associations, which is still largely awaiting interpretation. The trophy-crowned main façade displays an elaborately decorated middle portal facing Unter den Linden. In its centre niche, one can see a portrait medallion of King Frederick I of Prussia (1657–1713) framed, on the left, by the Brandenburg eagle and, on the right, by Jupiter's eagle holding a bundle of lightning bolts, as bearers of his coat of arms. Above this, Fama and Victoria flank the crowned Prussian royal coat of arms with the chain of the Prussian Order of the Black Eagle. Translated, the Latin inscription reads: "To honour military actions, to intimidate the enemy, to protect the peoples and confederates, the noble and undefeated King of Prussia Frederick I had this armoury built in the year 1706 as a sanctuary for all weapons of war as well as for the spoils of war and trophies." In the gable above this, Minerva, adorned with the aegis and head of Medusa, is presented with weapons and armour from the hands of a group of bearded smiths under the leadership of Vulcan, in preparation for battle. This is a representation of the wise precautions taken by the Roman goddess of war and her foresight. The metopes, in the Tuscan order, are all decorated with modern weapons and instruments of warfare, principally from the artillery. The pictorial programme of the inner courtyard continues logically with these allusions to ancient

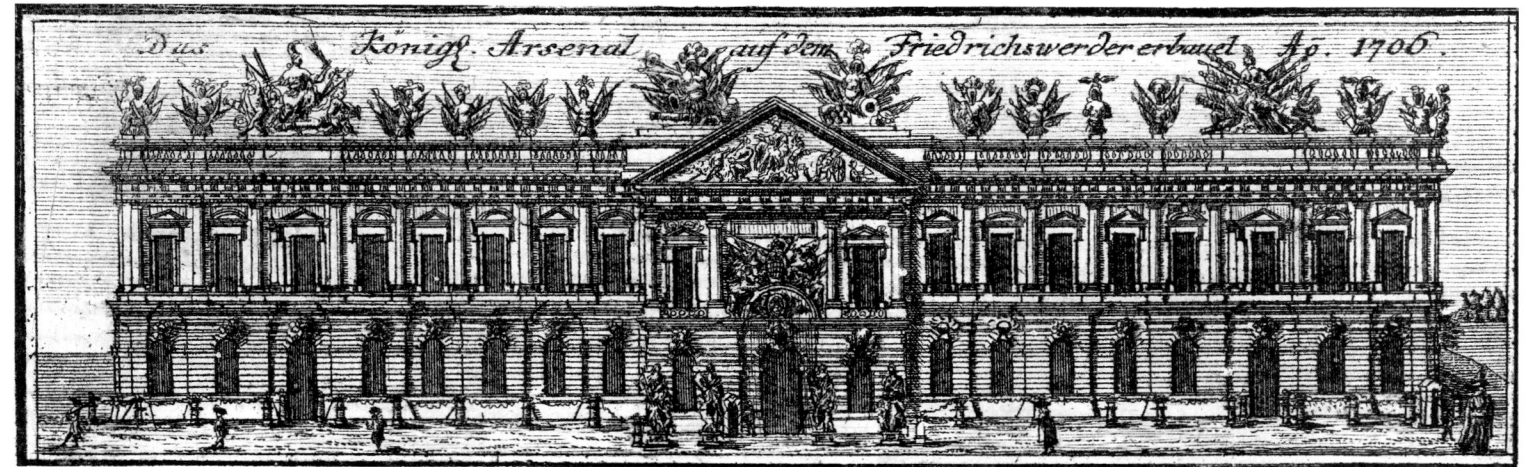

sind sämtlich mit modernen Waffenwerkzeugen und Kriegs-
instrumenten geschmückt, die sich weitgehend auf die Artillerie beziehen. In diesem Kontext der gelehrten Anspielung
auf die Antike setzt sich das Bildprogramm des Innenhofes
konsequent fort. Während die Außenfassade von einem mit
Felsgestein rustizierten Untergeschoss und einem aufgesetzten toskanischen Pfeilergeschoss gegliedert wird, ist der
Schmuck des Innenhofes – und das ist ungewöhnlich – reicher gehalten. Über einem subtil rustizierten Untergeschoss
befindet sich eine Ordnung von toskanischen Halbsäulen,
die einen Metopen- und Triglyphenfries tragen. Im Innenhof
wurde allerdings auf die aufgesetzten und krönenden Trophäen verzichtet. Hingegen befindet sich als Abschluss der
Rundbögen des Erdgeschosses ein den Hof umziehender
Zyklus von 22 Masken, die auf Kartuschen aufgesetzt sind
und 22 Männerhäupter unterschiedlichen Alters tragen, die
jeweils zu Dreiergruppen geordnet sind. Das Schmuckmotiv
der Kartusche stammt aus dem Rollwerkdekor des 16. Jahrhunderts. »Cartouche« heißt ein gerolltes Blatt. In Entsprechung zur Bedeutung sind hier an den Enden gerollte
Schilde dargestellt, die in Übereinstimmung mit den Vorbildern der ornamentalen Vorlageblätter des 16. Jahrhunderts
Mascarons bärtiger Köpfe zeigen, die jeweils von dem oben
gespaltenen Ende eines jeden Schildes gefasst und gehalten
werden. Die Kartuschen sind oben zu Voluten eingerollt
und fassen jeweils den Haarschopf der Häupter oder ein den
Kopf umschlingendes Tuch. Die wilden Männerköpfe sind
bärtig und langhaarig. Nur zwei Köpfe sind ohne Bart wiedergegeben, um die verschiedenen Alterstufen – vom Jüngling

times. Whereas the external façade is divided into a rustic
lower floor with rock-like stones and a Tuscan pillared upper
floor, the decoration of the inner courtyard is – most un-
usually – much more ornate. A series of Tuscan half-pillars,
bearing a frieze of metopes and triglyphs, rise above a subtly
rustic lower floor. However, there was an abstention from
trophies crowning the inner courtyard. On the other hand, a
series of 22 masks, showing 22 male heads of differing ages,
set on cartouches, arranged in groups of three, form the
culmination of the round arches on the ground floor. The
ornamental motif of the cartouche originated in the decorative style of the sixteenth century. 'Cartouche' means a
rolled sheet. Corresponding with this meaning, shields,
rolled at the edges, are represented here which, following
their models in the folios of ornamental designs from the
sixteenth century, show bearded masquerons, each framed
and held by the cleft in the upper surface of the individual
shields. The cartouches are rolled from above into scrolls and
each holds a shock of hair or a cloth wound around the
heads. The wild, male heads are bearded and have long hair.
Only two heads are depicted without a beard, in order to dif-
ferentiate between the ages – from youth, over maturity, to
old-age – shown in this group. The artist put all of his virtu-
osity into his depiction of the individual ages. The heads are
always characterised by their wild beards, curling long hair,
bristling locks. In profound empathy with those portrayed,
they also display eyes closed in death, mouths agape and
pain-filled features. In a multitude of ways, it is shown how
the wearied dies, another is mortally wounded in his rage,

or perishes in terror. The human quality, the touching expression of the destiny of death, is definitely the most
important characteristic of this major work of the sculptor
Andreas Schlüter (1659–1714). This aspect has often been
dealt with and appropriately described. For this reason, we
will not pursue this facet but will attempt to identify these
gigantic heads instead.

The men are characterised by their shocks of hair, braids
and, in addition, through headbands and scarves attempting to tame their wildly flowing manes. Many are shown
wearing diadems or half-crowns set with jewels which adorn
their heads and indicate that they are from the ranks of
princes or rulers. A diadem is a headband, made of cloth
or metal, which was used as an embellishment by Asian kings
and Greek princes. It was narrow, only widening in the
centre above the brow. One thing completely missing from
these heads is any form of military attribute – not even
a short military hairstyle or beard. One also finds not the
slightest trace of any soldier's or warrior's equipment.

It is even more astonishing that in the literature of the
nineteenth and twentieth centuries – up to today – these
heads are always described as "dying warriors" or as "the
decapitated heads of slain barbarians". (Foerster 1933) In the
eighteenth century, the only description was "masks" and
refrained from any interpretative commentary on the
admired artist Andreas Schlüter's sculptures. The keystones
above the portals make the interpretation easier. Opposite
each other, they twice show Jupiter's eagle flying heaven-
wards with a bundle of lightning bolts in its claws, and,
alternating, the keystones with an oak branch, a palm frond
and laurel twig bound together by ribbons are an obvious
reference to victory. Jupiter's ascending eagle cannot merely
be interpreted as a general allegorical sign of royal power
but is intimately connected to the figure of the father of the

über den Mann bis zum Greis – in dieser Gruppe voneinander zu unterscheiden. Die ganze Virtuosität des Künstlers
ist in die Darstellung wechselnden Alters hineingelegt, die
Köpfe sind durch wilde Bärte, gelocktes langes Haupthaar,
gesträubte Locken charakterisiert, und in tiefer Empathie
mit den Dargestellten zeigen sich bei diesen im Tod
geschlossene Augen, geöffnete Münder und vom Schmerz
gezeichnete Züge. In differenzierter Unterscheidung wird
auf unterschiedlichste Weise wiedergegeben wie der
eine ermattet gestorben ist, der andere in seiner Wut tödlich
getroffen oder im Entsetzen dahingerafft wurde. Die
menschliche Qualität, der anrührende Ausdruck des Todes-
schicksals, ist sicher das wichtigste Merkmal dieser Haupt-
werke des Bildhauers Andreas Schlüter (1659–1714). Dieser
Aspekt ist häufig behandelt und mit treffenden Worten
beschrieben worden. Darum soll es aber hier nicht gehen,
sondern um den Versuch einer Identifizierung dieser riesen-
haften Häupter.

Die Männer sind durch Haarschöpfe, geflochtene Zöpfe
und zusätzlich durch Stirnbänder und Kopftücher gekennzeichnet, mit denen versucht wird, das wilde Haupthaar zu
bändigen. Viele von ihnen tragen Diademe oder edelstein-

besetzte Halbkronen, die ihre Köpfe schmücken und deutlich darauf hinweisen, dass sie von fürstlichem oder von Herrscherrang sind. Ein Diadem ist eine aus Textil oder Metall gefertigte Stirnbinde, welche in der Antike den asiatischen Königen oder griechischen Fürsten zum Schmuck diente. Sie war schmal und nur in der Mitte über der Stirn breiter. Was diesen Häuptern jedoch fehlt, ist jede Form eines militärischen Attributs und sei es auch nur eine militärisch kurze Haar- oder Barttracht. Man vermisst auch das kleinste Zeichen einer soldatischen Ausrüstung oder eines Kriegers.

Um so mehr nimmt es Wunder, dass diese Köpfe in der Literatur des 19. und 20. Jahrhunderts, und das zieht sich bis in die jüngsten Schriften, kontinuierlich als »Sterbende Krieger« bezeichnet werden oder auch als die »abgetrennten Köpfe erschlagener Barbaren«. (Foerster 1933) Das 18. Jahrhundert kannte für sie nur den Begriff »Larven« und enthielt sich jeden interpretierenden Kommentars über die bewunderten Skulpturen des Künstlers Andreas Schlüter. Was die Interpretation erleichtert, sind die Schlusssteine über den Portalen. Sie zeigen, einander gegenüberliegend, zweimal den zum Himmel auffliegenden Adler Jupiters mit den Blitzebündeln in den Klauen und, alternierend dazu, Schlusssteine mit einem Eichenast, einem Palm- und einem Lorbeerzweig, die mit Bändern zusammengebunden, deutliche Verweise auf den Sieg sind. Der auffliegende Jupiteradler ist hier nicht bloß als ein allgemeines allegorisches Zeichen der Herrschermacht zu verstehen, sondern ist unmittelbar mit der Gestalt des Göttervaters selbst verbunden, der die Schlachten lenkt. Entsprechend übersteigt der Jupiteradler die Riesenmasken und erhebt sich über sie.

Es liegt der Gedanke nahe, die Häupter der Mascarons mit den aus der Antike mehrfach überlieferten Giganten oder auch Titanen zu identifizieren. Die Giganten und Titanen sind am Anfang des 18. Jahrhunderts nicht mit völliger Trennschärfe voneinander unterschieden, sondern werden, wie auch in der Antike, miteinander verglichen und vermengt: »Jedoch aber sind sie aller Dings so fern unterschieden, als die Erde insonderheit die Titanes wieder den Saturnum, die Gigantes aber wieder den Jouem hervor gebracht hat.«, schreibt das Zedlersche Lexikon von 1735 in Spalte 1459 über diese Gestalten. Die es im Übrigen charakterisiert als »andere hingegen machen sie zu Leuten von ungeheurer Größe, mit schrecklichen, Gesichtern, langen Haaren und Bärten, und Schlangen an der Füße statt«. Das Riesengeschlecht der Giganten, Söhne der Gaia, stand gegen die olympischen Götter auf und versuchte, sie vom Olymp zu vertreiben wie

gods himself, who exercised control over battles. In keeping with this aspect, Jupiter's eagle goes far beyond the giants' masks as it rises above them.

It would appear that the heads of the masquerons can be identified as those of the giants or Titans handed down from ancient times. At the beginning of the eighteenth century, the giants and Titans were not precisely differentiated from each other but were, as also in ancient times, compared and amalgamated with each other. The following description of these figures appears on page 1,459 of the Zedler Lexicon, published in 1735: "However, they are, in any case, to be differentiated, as being disparate on earth, the Titans created Saturn, the giants created Jove." The characterisation continues: "They are persons of enormous, size, with terrifying faces, long hair and beards and serpents instead of feet." As celebrated by Hesiod, Ovid and Virgil, the race of the giants – sons of Gaia – opposed the gods and attempted to drive them from Olympus. According to the ancient legends, it was possible, with Hercules's help, to repulse the attacking giants, who were throwing boulders, and to behead them or drive them into the Tartaros. The gigantomachy, in which Mercury and Neptune also took part and Hercules and Minerva intervened, is reported in the writings of various ancient authors. Aeschylus also counted Atlas and Prometheus as belonging to the giants. This battle, as an expression of the victory of order and the law over the chaotic elemental power of the elements, was often depicted in Greek art from the sixth century until the late ancient period. The most impressive depiction is that in the frieze of the Pergamon Altar, now located on the Museum Island in Berlin, not far from the Armoury. The Pergamon Altar, however, was not discovered until 1871, but it also shows, down to the tiniest detail, the same, handed-down, characteristic physiognomy and the same wild hair and beards of this giant people. It appears almost miraculous that many individual details are almost identical, in particular the one giant baring his teeth and biting his lower lip in the agony of his death throes.

During the Renaissance, the subject of the giants and their fall was once again taken up in Mannerist fresco painting and Baroque art. The theme of rebellion against the Olympian gods increased in political importance, seeing that this conflict led to victory by those in power. In this respect, the ancient subject of the battle of the different generations of the gods is transformed into an iconography for the suppression of rebellion and victory over those rebelling. The

es bei Apollonius beschrieben und bei Hesiod, Ovid und Vergil besungen wird. Mit Hilfe des Herkules gelang es den antiken Sagen nach jedoch, die anstürmenden Riesen, die mit Felsen warfen, zurückzuschlagen und sie zu enthaupten bzw. in den Tartaros zu stoßen. Die Gigantomachie, an der auch Merkur und Neptun teilnehmen und in die Herkules und Minerva eingreifen, ist in den Schriften verschiedener antiker Autoren überliefert. Aischylos zählt auch Atlas und Prometheus zu den Giganten. Als Ausdruck des Sieges von Ordnung und Gesetz über die chaotischen Elementarmächte der Giganten wurde dieser Kampf in der griechischen Kunst vom 6. Jahrhundert bis in die antike Spätzeit immer wieder dargestellt, am eindruckvollsten im Fries des Pergamonaltars, der sich auf der Museumsinsel unweit des Zeughauses befindet. Allerdings wurde der Pergamonaltar erst 1871 entdeckt, zeigt aber bis in kleinste Details hinein dieselbe tradierte und charakterisierende Physiognomie und die gleiche wilde Haar- und Barttracht dieses Riesengeschlechts, so dass es fast Wunder nimmt, dass sich einzelne Details fast vollkommen wiederholen, insbesondere das Zähnefletschen des einen Giganten, der sich im Schmerz des Todeskampfes auf die Unterlippe beißt.

In der Renaissance wird das Thema der Giganten und des Gigantensturzes wieder aufgenommen und gewinnt in der Freskomalerei des Manierismus und der Malerei des Barock als Thema der Rebellion gegen die olympischen Götter an politischer Bedeutung, da die Auseinandersetzung mit dem Sieg der Machthaber endet. Das antike Thema des Kampfes der Göttergenerationen wird dabei zu einer Ikonographie der Niederschlagung eines Aufstandes und des Triumphes über die Aufständischen umgemünzt. Als wichtigste Darstellungen sind hier das Fresko von Giulio Romano (1499–1546) im Sala dei Giganti des Palazzo del Te in Mantua zu nennen, das Fresko von Giovanni Antonio Pordenone aus dem Palazzo Tinghi in Udine sowie das Deckenfresko von Perino del Vaga (1501–1547) im Mittelsaal des Palazzo di Andrea Doria in Genua. Fast zeitgleich, um 1530, entstehen diese drei meisterhaften und monumentalen, zutiefst politisch gemeinten Darstellungen, die den Kampf der Giganten in den Mittelpunkt einer dramatischen Darstellung rücken. »Dem gebildeten Betrachter der Zeit erschloss sich indes die Vielgeschichtigkeit der hier vorgeschlagenen Deutung des Gigantensturzfreskos als differenzierte Selbstdarstellung des Auftraggebers«. (Vetter, S. 143) Es fällt auf, dass sowohl der Herzog von Mantua als auch Andrea Doria einen auffliegenden schwarzen Adler als heraldisches Zeichen führten,

fresco which Giulio Romano (1499–1546) created for the Sala dei Giganti in the Palazzo del Te in Mantua, Giovanni Antonio Pordenone's fresco in the Palazzo Tinghi in Udine, as well as Pierino del Vaga's (1501–1547) ceiling painting in the central hall of the Palazzo di Andrea Doria in Genoa are the most prominent depictions of this topic. These three masterful, monumental – extremely political – works, which placed particular emphasis on the gigantomachy, were created almost simultaneously around 1530. "The well-educated viewer of this time comprehended the many interpretive levels of the frescos of the fall of the giants as a form of sophisticated image cultivation of the commissioner of the works": (Vetter, p. 143) It is conspicuous that both the Duke of Mantua and Andrea Doria carried an ascending black eagle as their heraldic sign which, in the form of Jupiter's eagle, takes on a particularly political aspect in the gigantomachy. Jupiter stands, hurling bolts of lightning, in the centre of the Olympian gods, the eagle hovers above him at the zenith, and the giants are buried beneath piles of boulders; illusionist painting creates an impressive connection to the present.

As early as March 1530, Emperor Charles V (1500–58) was made familiar with the newly-initiated project for the Palazzo del Te in Mantua. The Hapsburg Emperor repeated his visit around 1532 in order to admire progress on the building. The Emperor asked to have the iconography explained to him; it was probably attuned to the vice of 'superbia' (self-conceit) which the ruler, as the supreme authority, punished with abasement. (Vetter, p. 89) On page 85 of his book, published in 1977, Guthmüller writes: "The lightning-hurling, punishing Jupiter and the fall of the giants were, seen from this point of view, symbols for the power and severity of the emperor and the vain labours of his opponents to resist his hegemonic politics in Italy and Europe." He went further in his interpretation to state that the Sala dei Giganti unified the victorious battles of Charles V against his opponents – in particular against the enemies of Christendom, the Turks, and the heresy of the reformation – to create an allegory of political and religious testimony and mythologise imperial power. In addition, attention must be drawn to the fact that the Palazzo del Te, which was built from 1525, shows several remarkable similarities to the Armoury courtyard. Typical are the quadratic courtyard in a quadratic building, the Tuscan column arrangement bearing a frieze with metopes, facing the front of the courtyard, and the light-red plastering, which covers the entire building

der in den Gigantomachien als Jupiteradler eine Verbindung zur eigenen politischen Rolle aufnimmt. Jupiter steht blitzeschleudernd im Zentrum der olympischen Götter, der Adler über ihm schwebt im Zenit, die Giganten werden von Gesteinsmassen begraben; die illusionistische Malerei schafft eine eindrückliche Verbindung zur Gegenwart.

Bereits im März 1530 wird Kaiser Karl V. (1500–1558) das neubegonnene Projekt des Palazzo del Te in Mantua vorgestellt. Um 1532 wiederholt der habsburgische Kaiser seinen Besuch, um den weiteren Baufortschritt zu bewundern. Der Kaiser lässt sich die Ikonographie erklären, wahrscheinlich ist sie abgestimmt auf das Laster der *Superbia* (Übermut), die der Herrscher als oberste Autorität durch die Niederwerfung bestraft. (Vetter, S. 89) So schreibt auch Guthmüller 1977 auf Seite 58: »Der blitzeschleudernde, strafende Jupiter und der Sturz der Giganten wären, in diesem Zusammenhang gesehen, Symbol der Macht und Strenge des Kaisers und des vergeblichen Mühens seiner Gegner, sich seiner Hegemonialpolitik in Italien und Europa entgegenzustellen«. Und er interpretiert weiter, so verbinde die Sala dei Giganti den siegreichen Kampf Karls V. gegen seine Gegner, insbesondere gegen die Feinde der Christenheit, die Türken, und die Häresie der Reformation, allegorisiere, in einer »Mythisierung kaiserlicher Macht«, politische und religiöse Aussageintention. Überdies ist darauf hinzuweisen, dass der Palazzo del Te, ab 1525 gebaut, einige frappante Ähnlichkeiten zum Zeughaushof aufweist. So der quadratische Hof in einem quadratischen Gebäude, die toskanische Säulenordnung, welche einen Fries trägt mit Metopen, die zu den Hoffronten hin gestellt sind und der hellrot getönte Feinputz, der das ganze Gebäude wie eine farbige Haut überzieht. Hier wie da wird die toskanische Ordnung durch Rhythmusverschiebungen, die sich durch die innere Gliederung nicht erklären lassen, in Spannung versetzt. Die Freskierung im Sala dei Giganti wurde ab März 1532 begonnen, durch die Kunst Giulio Romanos entstand eine illusionistische Ausmalung des Raumes, bei dem der blitzeschleudernde Jupiter im Zentrum der olympischen Götter thront, über ihm schwebt der Adler des Zeus – der zugleich das Wappenzeichen der Herzöge von Mantua ist – im Zenit. Die Giganten stürzen, von Felsmassen begraben, in die Tiefe. Wie stets sind sie als ein bärtiges, wildes Riesengeschlecht dargestellt und zudem mit den einäugigen Zyklopen als Motiv erweitert und vermehrt. »Im strafenden Jupiter verbindet sich der strafende Gott und der strafende Kaiser in einer unauflöslichen Einheit.« (Guthmüller 1977, S. 60) Dies geschieht in einer Mythisierung kai-

03

like a coloured skin. Here, as well as in Mantua, tension with the Tuscan order is created through rhythmic displacement which cannot be explained by the inner arrangement. Painting of the frescos in the Sala dei Giganti was begun in March 1532. The art of Giulio Romano created an illusionist decoration of the room with the lightning-hurling Jupiter on his throne amidst the Olympian gods; Zeus's eagle – at the same time, the heraldic animal of the Dukes of Mantua – hovers above him in the zenith. The giants topple, buried beneath piles of rock, into the depths. As always, they are depicted as a bearded, wild race of giants, expanded by the addition of the one-eyed Cyclops as an additional motif. "The punishing Jupiter unites the punishing god and the punishing emperor as an indivisible whole." (Guthmüller 1977, p. 60) This creates a mythology of imperial power and thereby makes a clearly intended political and religious statement.

At almost exactly the same time, an additional gigantomachy was completed as part of the decoration of the Palazzo Doria in Genoa, commissioned by the Capitano Gener-

serlicher Macht und enthält damit eine klare politische und religiöse Aussageintention.

Nahezu gleichzeitig vollzieht sich die Ausgestaltung des Palazzo Doria in Genua durch den Capitano Generale dell' Armada Andrea Doria (1466–1560) mit einer weiteren Gigantenschlacht, die ebenfalls auf einen Besuch Kaiser Karls V. im März 1533 in der Hafenstadt abgestimmt ist. Dies wird deutlich im Fresko des Hauptsaales von Perino del Vaga. Andrea Doria lässt sich als Jupiter darstellen, mit seinem Zeichen, dem Adler. Auf eine weitere Deutungsschicht des Gemäldes verweisen die in ihrer Physiognomie und durch Turbane teilweise als Orientalen charakterisierten Giganten. »Die Bedrohung göttlicher Ordnung durch die Erdensöhne wird mit der Gefahr gleichgesetzt, der sich die westlich-christliche Kultur durch den Ansturm der Türken ausgesetzt sah. Dazu wird die Ordnung des Kosmos durch die paganen Götter, mit dem als Nachfolger verstandenen christlichen Weltbild identifiziert, wodurch Jupiter die Rolle der Verteidigung ebendieses Weltbildes zufällt. Im Zusammenhang mit den Kämpfen gegen die Türken wäre hier erneut eine Gleichsetzung des Göttervaters mit Karl V. denk-

ale dell'Armada Andrea Doria (1466–1560). This also coincided with a visit made to the port city by Emperor Charles V in March 1533. This is particularly apparent in Pierino del Vaga's fresco in the main hall. Andrea Doria has himself depicted as Jupiter, standing beneath his symbol of the eagle. The giants, some of them characterised by their physiognomy and turbans as Orientals, indicate another interpretative level. "The threatening of divine order by the sons of the earth is equated with the danger which the Western, Christian culture saw itself confronted with through the assaults by the Turks. In addition, the order of the cosmos is identified with the pagans/gods, with the Christian world view understood as being the successor to the Olympian kingdom, with Jupiter seen in the role of defender of precisely this view of life. In connection with the battles against the Turks, the identification of the father of the gods with Charles V is plausible, but also, Andrea Doria could have laid claims to this identification for himself." (Vetter, pp. 1, 141)

A direct connection between Emperor Charles V and the fall of the giants was celebrated in a medal created by Leone Leoni (1509–1590) in 1549. On one side, we see the

78

05

bar, doch auch Andrea Doria konnte diese Identifizierung für sich in Anspruch nehmen.« (Vetter, S. 141)

In direkter Beziehung zu Kaiser Karl V. wird der Gigantensturz dann 1549 auf einer Medaille des Leone Leoni (1509 – 1590) verherrlicht, die in Silber gegossen, auf der einen Seite das Brustbild des Kaisers mit Lorbeerkranz, Prunkharnisch und dem Orden vom Goldenen Vlies zeigt, auf der anderen aber den Sturz der Giganten, oben Jupiter im Kreis verschiedener olympischer Götter, im Mittelfeld versuchen die Titanen den Olymp zu erstürmen, und in der unteren Zone liegen die erschlagenen Riesen auf der Erde. Diese Medaille wird als Allegorie auf die Türkensiege und auf den Sieg gegen die protestantischen Fürsten gedeutet, gegen die der Kaiser sich durchzusetzen vermochte. (Ausst. Kat. Bonn 2000, Nr. 264)

An dieser Stelle sei auf das Standbild Kurfürst Friedrichs III. hingewiesen, welches Schlüter für den Zeughaushof schuf, das dort aber niemals aufgestellt wurde. Der Kurfürst ist als römischer Triumphator gewandet, das heißt, er trägt einen Paradepanzer auf römische Art, einen Feldherrenmantel und die römischen Sandalen. Er hält in seiner Rechten das – nachträglich ergänzte – preußische Königszepter von 1701. Ein Gorgonenhaupt schmückt den Gürtel und schafft so die Verbindung zur Göttin der Kriegskunst. Die Figur wurde allerdings nie verwendet: 1698 gegossen, war sie 1701 schon überfällig, zeigte sie doch den Herrscher als Kurfürsten, nicht als König. Die Figur wurde zunächst beiseite geräumt und eine Überarbeitung überlegt, dann auf dem Molkenmarkt in Berlin und schließlich 1802 vor dem Schloss in Königsberg aufgestellt, wo sie in den Wirren des Zweiten Weltkrieges

head-and-shoulders portrait of the Emperor with a laurel wreath, ceremonial armour and the order of the golden fleece and, on the reverse, the fall of the giants – at the top, Jupiter surrounded by various Olympian gods, in the middle field the Titans attempting to take Olympus by storm, and in the lower zone the stricken giants sprawled on the earth. The medal has been interpreted as an allegory of the victory over the Ottoman Empire and the protestant princes whom the Emperor was able to overthrow. (Exh. cat., Bonn 2001, no. 264)

Here, attention must be drawn to the statue of Prince Elector Frederick III which Schlüter created for the Armoury courtyard but which was never put in place. The Prince Elector is shown, holding in his right hand, the Prussian sceptre of 1701 – a later addition. He is clothed as a Roman triumphator; that means he is wearing ceremonial armour in the Roman style, a general's cloak and Roman sandals. His belt is adorned with a Gorgon's head, creating a connection to the goddess of the art of warfare. However, this figure was never installed: it was cast in 1698 but by 1701 it was antiquated, seeing that it showed the monarch as Prince Elector and not as King. At first, the figure was removed and a reworking was considered. It was then installed on Molkenmarkt in Berlin and, finally, in 1802 in front of the castle in Königsberg, where it was destroyed in the turmoil of World War II. Two casts of the statue have been preserved. (Exh. cat., Prussia 1701, Berlin 2001, Schloss Charlottenburg, cat. no. IX.55; s. p. 68) This statue of the monarch was clearly intended to form the focal point in the iconography of the Armoury. The for-

79

06 Der gestürzte Gigant im Treppenhaus des Berliner Stadtschlosses, 1704 f. Entwurf von Andreas Schlüter (Architekt/Bildhauer) / The toppled giant in the staircase of the Berlin City Palace, 1704 f.; sketch by Andreas Schlüter (architect/sculptor)

07 Großes Treppenhaus mit Darstellung des Gigantensturzes im Berliner Stadtschloss, 1704 f.; Entwurf von Andreas Schlüter (Architekt/Bildhauer), Nicolaus Belam (Maler) / Main staircase in the Berlin City Palace with depiction of the fall of the giants, 1704 f.; sketch by Andreas Schlüter (architect/sculptor), Nicolaus Belam (painter)

06

unterging. Zwei plastische Abgüsse der Figur sind überliefert. (Ausstell. Kat. Berlin 2001, Kat. Nr. III.1; s. S. 68)

Deutlich wird, dass die Ikonographie des Zeughauses einmal in dem Standbild des Herrschers ihr Zentrum finden sollte. Was das Relief des Portals vorbereitete, fand seine dreidimensionale Ausgestaltung im Zeughaushof. Der Triumph des Herrschers über seine Widersacher war Thema einer solchen Allegorie und findet direkte Entsprechung in der Medaille Kaiser Karls V., die in verschiedenen Exemplaren, vor allem aber in Nachgüssen, überliefert ist.

Gigantendarstellungen waren in der Barockzeit ein häufiges Motiv, um den Ruhm der Herrscher zu versinnbildlichen. Vor allem sei erwähnt, dass Schlüter selbst in den Jahren 1702 bis 1704, als er Direktor der Akademie der Künste und ihm seit 1699 der Berliner Schlossbau anvertraut war, ein großes Treppenhaus im Berliner Schloss ausführte, das den Gigantensturz als zentrales Thema zeigte. Unter dem blitzeschleudernden Jupiter, der die obere Zone des Treppenhauses beherrscht, befinden sich, auf Relieffeldern und Gesimsen verteilt, die verschiedenen Darstellungen der niedergeworfenen und sterbenden Giganten, die teils niedergesunken sind, teils sich gegen ihr Schicksal aufbäumen. Ihre Typologie als wilde, bärtige Gestalten oder junge, ungeschlachte Riesen entspricht den Vorstellungen der Zeit, passt in die Ikonographie der Giganten und ist durchaus mit den Darstellungstypologien des Zeughaushofes vergleichbar.

Auch anderenorts sind Gigantendarstellungen in diesen Jahren verbreitet: So birgt die Pyramide, auf der die riesenhafte Figur des Herkules im Park von Schloss Wilhelmshöhe

mulation in the relief of the portal received its three-dimensional expression in the Armoury courtyard. The monarch's triumph over his opponents was the subject of such an allegory and finds its direct analogy in the medal of Emperor Charles V which has been preserved, albeit in castings from later periods.

Representations of the giants were a common motif in the Baroque era symbolising a ruler's fame. It must be mentioned that, between 1702 and 1704, when Schlüter was director of the Academy of Arts in Berlin, he constructed a large staircase in Berlin Castle with the fall of the giants as the central theme. Various depictions of the toppled and dying giants, some unconscious and some fighting against their fate, are shown on the reliefs and mouldings below Jupiter hurling his lightning bolts. Their typology as wild, bearded figures or young, uncouth giants is in keeping with the ideas of the age, appropriate to the iconography of the giants and absolutely comparable with the typological style of the Armoury courtyard.

Portrayals of the giants were widely distributed during these years. Hidden within the pyramid, surmounted by the gigantic figure of Hercules, in the park of Wilhelmshöhe Castle near Kassel, lies the figure of Enceladus, defeated with Hercules's assistance during the attack of the giants, sunken in a pond in the middle of the base construction. (Exh. cat., Kassel 1997)

This gigantic project, for which Francesco Guernio provided the original plans, was conceived in Rome in 1705, completed in 1717 by the goldsmith Anthoni and, between 1727

bei Kassel steht, im Innern, versunken in einem Teich, der sich in der Mitte des Sockelgebäudes befindet, die Gestalt des Enkelados, der mit Hilfe des Herkules beim Ansturm der Giganten niedergeworfen wurde. (Ausst. Kat. Kassel 1997) Dieses gigantische Projekt entstand 1705 in Rom als Konzept, für das Giovanni Francesco Guerniero den ersten Entwurf schuf, wurde 1717 von dem Goldschmied Anthoni fertig gestellt und zwischen 1727 und 1749 als »Delineatio Montis« immer wieder vom Bauherren, Landgraf Karl, publiziert.

Kaum ein Bauwerk des Hochbarock um 1700 und in den folgenden Jahren kommt ohne Gigantendarstellungen aus, zumeist ist es der Riese Atlas, der, als gewölbetragende Figur fest in die Architektur eingebunden, die Last des Gebäudes abstützt und durch sein Kopftuch gekennzeichnet ist.

Die von der neueren Literatur wiederholt ausgesproche-ne Identifizierung der Masken des Zeughaushofes als Türken entbehrt, zumindest im direkten Darstellungsbezug, jeder Grundlage. Türken wurden im ausgehenden 17. Jahrhundert und im frühen 18. Jahrhundert fast ausnahmslos als schnauz-bärtig und mit kahlrasiertem Schädel dargestellt, der bis-weilen eine lange Scheitellocke aufweist. In dieser Darstel-lung sind sie in die Großplastik eingegangen und werden

and 1749, repeatedly published by its commissioner, Land-graf Karl, as Delineatio Montis.

There is scarcely a construction from the High-Baroque period following 1700 which managed without a depiction of the giants. Usually, this was in the form of Atlas who, symbolised by his headscarf, has a fixed place in architecture as a vault-supporting figure bearing the weight of the building.

The identification of the masks in the Armoury courtyard as being Turks, proposed in the modern literature, is totally unfounded, at least when dealing with the direct represen-tation. At the end of the seventeenth and beginning of the eighteenth centuries, Turks were almost always represented with moustaches and shaven heads, occasionally with a long truss of hair on the side. They are often shown with these attributes on large-scale statues and occasionally on the bases of statues of rulers as slaves or representing the conquered – this is particularly stunning in the memorial to Ferdinand I of Tuscany which the sculptors Giovanni Vandini (1540–99) and Pietro Tacca (1577–1640) created between 1595 and 1617.

Inscriptions on two winding ribbons can be found on two of the heads in the Armoury courtyard, located opposite

08

09

als Sklavenfiguren oder Darstellung von Unterworfenen bisweilen an Sockeln von Herrscherstandbildern zur Darstellung gebracht, insbesondere beim Denkmal Ferdinands I. von Toskana durch die Bildhauer Giovanni Bandini (1540–1599) und Pietro Tacca (1577–1640) von 1595–1617.

An zwei gegenüberliegenden Köpfen des Zeughaushofes kommen auf geschlungenen Bändern Inschriften vor. Diese Inschriften werden in der Regel als türkisch, arabisch oder pseudo-hebräisch interpretiert und können scheinbar nicht gelesen werden. Die Inschriften sind aber durchaus hebräisch, stehen allerdings auf dem Kopf. Lesbar ist das Wort »hasid«, was Gerechter oder Frommer bedeutet. Mit einer Interpretation der Masken des Schlüterhofes steht diese hebräische Inschrift keineswegs im Widerspruch. Das ausgehende 17. Jahrhundert mühte sich in einer großen – heute wenig bekannten – Literatur, die Überlieferungen des Alten Testamentes in Einklang zu setzen mit den Erzählungen von den Göttern und mythologischen Gestalten der antiken Autoren. Insbesondere Leibniz, der damals in Berlin tätig war, stellte solche Überlegungen an. Zedler berichtet unter dem Stichwort »Titanen« über die Argumentation Leibniz'. Vor allem Passagen in der Genesis 6, Vers 11 geben dazu Anlass, Noah mit Nimrod zu identifizieren und Bel mit Kronos in Übereinstimmung zu bringen. Die Verbindung von Titanenkampf und dem Turmbau zu Babel war ein beliebter Topos: »wesentlich ist bei all diesen mythologischen Spekulationen, dass die Götterväter Babyloniens und Griechenlands, Bel und Kronos, trotz aller Gigantenart, für den Anonymus sterbliche Menschen sind. Ihrer Nachkommen wegen werden ihre

each other. These inscriptions were, generally, interpreted as being in Turkish, Arabic or pseudo-Hebrew and apparently indecipherable. The inscriptions are actually in Hebrew, but inverted. The word 'hasid', meaning 'just' or 'devout', can be discerned. This Hebrew inscription in no way stands in contradiction to the interpretation of the masks in the Schlüter courtyard in the tradition of a depiction of the fall of the giants. In the late seventeenth century, great efforts were undertaken in the literature – today, only little known – to reconcile the texts of the Old Testament with the legends of the gods and mythological figures of the authors of antiquity. Such a point of view was considered, in particular, by Leibniz, who was active in Berlin at the time. Under the entry 'Titans', Zedler reports on Leibniz's argumentation. In particular, passages in Genesis 6, verse 11 give cause to identifying Noah with Nimrod and Bel with Chronos. The connection between the battles of the Titans and the construction of the tower of Babylon was a popular topos: "The important aspect of all theses mythological speculations is that the god-fathers of Babylon and Greece, Bel and Chronos, are mortal human beings, in spite of their gigantic size. Because of their sins, their descendants were punished by God and scattered over the earth." (Hengel, pp. 163–64) Particularly the sixth chapter of the first book of Moses gives rise to such considerations. Here, it is stated: "There were giants in the earth in those days; and also after that, when the sons of God came in unto the daughters of men, and they bare children to them, the same became mighty men which were of old, men of renown." Obviously, this cannot

Sünden von Gott gestraft und über die Erde zerstreut.«
(Hengel, S. 163–164) Besonders das 6. Kapitel des 1. Buch
Moses gab zu solchen Überlegungen Anlass, wo es heißt:
»es waren auch zu den Zeiten Tyrannen auf Erden, denn da
die Kinder Gottes zu den Töchtern der Menschen eingingen
und sie ihnen Kinder gebaren, wurden daraus gewaltige,
in der Welt berühmte, Männer.« Sicher dient dies nicht dazu,
die hebräische Inschrift klar aufzuschlüsseln, zeigt aber doch,
dass zwischen einem Gigantenzyklus und einer hebräischen
Inschrift kein notwendiger Widerspruch besteht.

Die Interpretation der Kartuschen des Innenhofes als Giganten findet ihre Entsprechung an der Außenfassade: Die
figürlichen Aufsätze der Trophäenhelme auf der Nordseite
des Zeughauses zeigen Giganten mit zwei Schlangenbeinen
sowie Atlas, der sich auf die Weltkugel stützt. In diesen Kontext fügen sich auch die schlangenumwundenen Medusen-
masken der Nordfassade, die dem Typus des schönen Medu-
sahauptes aus dem Besitz des Hauses Rondanini in Rom
folgen – heute in der Münchner Glyptothek. Medusa ist eine
der Gorgonen und Tochter der Giganten Phorkys und Keto.
Sie findet Erwähnung im Gigantenkampf Hesiods: » ... und
die Gorgonen, die jenseits des ruhmvollen Ozeans wohnen,
wo am Rande der Nacht, die Töchter des Hesperos singen.
Nämlich Euryale, Sthenno, die schmerzerfüllte Medusa:
war sie doch sterblich und nicht dem Tod und dem Alter ent-
hoben ... « (Vers 275–7). Diese Erwähnung in der Theogonie
begründet die Art der Darstellung als im Tod von Schmerzen
gezeichnet und verbindet die Medusamaske mit ihren Ver-
wandten, den Giganten. Ihr Anblick versteinert jeden, der sie

serve to completely classify the Hebrew inscription; it does,
however, show that there is not necessarily a contradiction
between a giants cycle and a Hebrew inscription.

The interpretation of the cartouches in the inner courtyard as giants finds a parallel on the external façade: the
figures atop the trophy helmets on the north side of the
Armoury show giants with two snake legs as well as Atlas
supporting himself on the globe. The masks of Medusa, surrounded by snakes, on the north façade correspond with this
context. They are similar to the beautiful Medusa head from
the Roman House of Rondanini – today, in the Munich Glyptothek. Medusa is one of the Gorgons and daughter of
the giants Phorcys and Ceto. She is mentioned in Hesiod's
gigantomachy: "... and the Gorgons, who live beyond the
glorious ocean, where on the frontier of night the daughters
of Hesperos sing; Euryale, Sthenno and the grief-stricken
Medusa: she was mortal and not relieved of death and aging
..." (Verses 275–77) This reference in the Theogeny founded
the type of depiction as one dying in pain and provides a link
between the Medusa mask and its relatives, the giants.
Anybody who saw her was turned to stone. There is also
an Attic saga where Athena herself killed Medusa or Gorgo,
daughter of the giants, in the gigantomachy. Around 1700,
Atlases and giants formed one of the most common forms
of the ruler allegory, as can be seen in examples in Zarskoe
Selo Castle near St. Petersburg, as well as in the Upper
Belvedere, which Prince Eugene had built near Vienna.

The masks in the Armoury courtyard are today, almost
exclusively, regarded as being an expression of pity with the

12

ansieht. Es existiert daneben auch die attische Sage, dass Athena selbst die Medusa oder Gorgo, Tochter der Giganten, im Gigantenkampf getötet habe. Atlanten bzw. Giganten sind um 1700 eine der gängigsten Formen der Herrscherallegorie und begegnen uns sowohl im Schloss Zarskoje Selo bei St. Petersburg wie auch am Oberen Belvedere, das Prinz Eugen sich außerhalb von Wien errichten ließ. Die Masken des Zeughaushofes werden heute mit großer Ausschließlichkeit als Ausdruck des Mitleids mit den Opfern des Krieges interpretiert. Damit wird zum Ausdruck gebracht, dass der Künstler eine Gegenwelt schaffen wollte, die im Widerspruch zu der Aufgabe des Zeughauses und den schrecklichen Konsequenzen einer kriegerischen Auseinandersetzung steht. Diese Interpretation hat ihre Wurzel erst im späten 19. Jahrhundert und geht auf eine frühere Textpassage bei Nicolai und bei Rebemann von 1793 zurück: »Aber im Hofe und an der Hinterseite (oh, ich möchte den Baumeister für den göttlichen Gedanken küssen) hat Schlüter die grausenen Larven der Reue mit dem Schlangenhaar, sterbende, die letzte Mine von schrecklicher Auszehrung verzerrt, den Heroen gegenübergesetzt.« Im weiteren Fortspinnen dieser Interpretation durch Ladendorf und besonders Dautel ist diese Interpretation ausgeweitet worden und zu einer politischen Stellungnahme ausgeufert. Die scheinbare Unbestimmbarkeit der so genannten Kriegermasken, die als Barbaren oder Fremde gesehen werden, wird als Interpretationsmuster zugrundegelegt und in die Gegenwart hineingetragen. So heißt es beispielsweise: »Interessanterweise zeigt die Zurschaustellung von Terroristen und »Sterbenden

victims of war. This shows that the artist intended to create an alternative world at variance with the function of an Armoury and the terrifying consequences of armed conflict. This interpretation has its roots in the late nineteenth century and can be traced back to a passage in Nicolai and Rebemann 1793: "But in the courtyard, and at the rear (oh, I would love to embrace the builder for this divine thought) Schlüter has confronted the gruesome masks of remorse with their serpentine hair, dying, their faces consumed with horror, with the heroes." Continuing with this interpretation, Ladendorf, and particularly Dautel, went much further and expanded it into a political statement. The apparent indefinability of the so-called warriors' masks, which can be seen as either barbarians or friends, is used as an interpretation pattern and transferred to the present: "Interestingly, the depiction of terrorists and 'dying warriors' shows a concurrence in their complicated, or even impossible, identification." (Dautel, p. 149)

The topoi of political opinion and the struggle for political correctness lead to a wide range of interpretive possibilities, particularly when dealing with the role of the exotic or foreign. Here, contemporary problems are assumed to be also major goals of Baroque sculpture: "Schlüter not only satisfied the Baroque interest in non-Europeans, but also showed cultural and social unfamiliarity, characterised by the extremely emotional notion of the Turks of the period, and added the ambivalent concept of the noble savage to this." (Dautel, p. 155)

Any interpretation of pictorial worlds and iconography must always read the message of the forms within the

Kriegern« in der erschwerten, beziehungsweise unmöglichen Identifizierbarkeit eine Übereinstimmung.« (Dautel, S. 149)

Die Topoi politischer Meinungen und das Ringen um politische Korrektheit führen zu weitreichenden Interpretationsmustern, bei denen es vor allem um die Rolle des Exotischen und Fremden geht. Dabei werden Probleme der heutigen Zeit als wesentliche Ziele der barocken Skulptur angenommen: »Schlüter befriedigte also nicht nur die barocke Neugier am Nichteuropäer, sondern gestaltete kulturelle und soziale Fremdheit, wie sie ebenfalls dem stark emotional geprägten Türkenbild der Zeit eigen war und ergänzte diese durch ambivalente Vorstellungen vom edlen Wilden.« (Dautel, S. 155)

Jede Interpretation von Bildwelten und von Ikonographien sollte aber stets die Botschaft der Formen in ihrem Kontext lesen. Dieser Zusammenhang ist mit großer Ausschließlichkeit von einer griechisch-römischen Welt geprägt, die in Allegorien und in Allusionen in Bezug zur Lebenswirklichkeit der Zeit um 1700 gesetzt wird und damit einen Rückbezug zu einer heroischen Zeit und ihren interpretierenden Mythen sucht. Das Wort des Vergil: »In größerer Sorge um die Regierung der Welt«, so lässt er Jupiter sprechen, »war ich selbst damals nicht, als jeder der schlangenfüßigen Giganten mit hundert Armen nach dem Himmel als Beute griff. Denn war dieser Feind auch furchtbar, so ging doch jener Kampf nur von einer Rebellenbande aus und hatte nur eine Ursache.«, war Grundlage der politischen Aussage.

Die Gigantenmasken in Berlin sind mit größter Wahrscheinlichkeit Ausdruck der politischen Selbstdarstellung eines barocken Fürsten, der sich als Überwinder der Uneinigkeit von Innen und als Sieger über die Feinde von Außen zur Darstellung bringen will. Dies aber nicht in direkter realistischer Darstellung eines wirklichen Feindes, sondern in der Bildsprache antiker Mythologie in der Form eines antiken Mythos von Aufruhr und Niederschlagung, von Angriff und erfolgreicher Verteidigung. Das antike Thema wird zu einer Ikonographie des Strafens und des Triumphes des Herrschers umgedeutet. Der Gigantensturz war von Anfang an politisch instrumentalisiert. Seine widersprüchliche, aber auch ergänzende Erwähnung bei den wichtigsten antiken Autoren wie Homer, Pausanias, Ovid, Hesiod und Vergil prägt die Motive der Darstellung in der Renaissance, »nämlich der Assoziationen, die das Gigantensturz-Fresko auf verschiedenen Ebenen mit Rang und politischem Einfluss des Hausherrn verbindet …« (Vetter, S. 143)

Ich danke für erörternde Gespräche und Hinweise den Kollegen Dr. Gottfried Reeg vom Institut für Judaistik Berlin und Dr. Lorenz Seelig, Bayerisches Nationalmuseum München. Frau Dr. Sabine Witt recherchierte zu meiner Studie.

13

appropriate context. This relationship is most probably determined by the Greco-Roman world, using allegories and allusions to create a connection with the real world of 1700 and thereby seeking a reminiscence of the heroic age and an interpretation of its myths. Virgil has Jupiter say: "I myself had no great concerns about the government of the world at that time when each of the hundred-armed, serpent-footed giants tried to seize the heavens as their booty. Then, although this enemy was terrible, each battle was only carried out by a band of rebels and had only one cause." This formed the basis of the political statement.

The masks of the giants in Berlin are, most probably, an expression of the political self-depiction of a Baroque prince who saw himself as the conqueror of dissension from the inside and victor over the enemy from the outside. This, however, not with a direct, realistic representation of the real enemy but by using the pictorial language of ancient mythology in the form of an ancient myth of rebellion and suppression, of attack and successful defence. The ancient subject is transformed into an iconography of punishment and the triumph of the monarch. The fall of the giants was politically exploited from the every beginning. Its contradictory, but also complementary, mention by the most important authors of antiquity, such as Homer, Pausanias, Ovid, Hesiod and Virgil, characterised the motif for its representation in the Renaissance, "namely, the association, that the fresco of the fall of the giants connects the rank and political influence of the lord, at many levels …" (Vetter, p. 143)

I would like to thank my colleagues Dr Gottfried Reeg from the Institute for Judaic Studies, Berlin, and Dr Lorenz Seelig, Bavarian National Museum, Munich, for their detailed discussions and information. Dr Sabine Witt conducted research for my study.

17_ Kartuschen mit Gigantenhäuptern, geschmückt mit Stirnbändern und Diademen, Schlusssteine der Erdgeschoss-Fenster im Zeughausinnenhof, um 1696 und um 1718, Aufnahme 2005; Andreas Schlüter (Entwurf), Georg Gottfried Weyhenmeyer (Ausführung) / Cartouches with heads of the giants, decorated with headbands and diadems, cornerstones of the groundfloor windows in the inner courtyard of the Armoury, c. 1696 and c. 1718, photo 2005; Andreas Schlüter (design), Georg Gottfried Weyhenmeyer (execution)

< Der überdachte Innenhof des Zeughauses; Entwurf
I. M. Pei, New York, mit Büro Schlaich, Bergermann
und Partner, Stuttgart / The covered inner courtyard of
the Armoury; design, I. M. Pei, New York, in cooperation
with Schlaich, Bergermann and Partners, Stuttgart

Südost-Ecke des überdachten Innenhofes
South-east corner of the covered inner courtyard

Westliches Treppenhaus im Innenhof / Western stairwell in the inner courtyard
Südost-Ecke des Innenhofes / South-eastern corner of the inner courtyard

Die Revitalisierung eines Denkmals
The Revitalisation of a Monument

Winfried Brenne

Gestaltungsspielräume nutzen für eine zeitgemäße Architektur im Kontext mit denkmalgeschützter Bausubstanz oder »die Kunst des kleinstmöglichen Eingriffs« (so Prof. Dr. Jörg Haspel, Landeskonservator von Berlin anlässlich der feierlichen Übergabe des Zeughauses an das Deutsche Historische Museum) war die architektonische Herausforderung beim Umbau des Zeughauses zu einem modernen Ausstellungsgebäude.

Wenn im Jahr 2006 das Deutsche Historische Museum seine Dauerausstellung zu 2000 Jahren deutscher Geschichte eröffnet, dann geschieht dies in einem Gebäude, das mit seiner 300-jährigen Geschichte selbst Ausstellungsstück ist und zu diesem Zweck nach einem Konzept umgebaut wurde, das aufgrund des behutsamen Umgangs mit der vorhandenen Substanz und höchst innovativer technischer Lösungen die hohen Nutzungsanforderungen ohne grundlegende Veränderungen des Baudenkmals erfüllt.

In seinem äußeren Erscheinungsbild präsentiert sich das Bauwerk weitgehend historisch, wie es von Nering, Grünberg, de Bodt und nicht zuletzt von Schlüter durch die besondere bildhauerische Komponente geprägt wurde. Die Erhaltung der historischen Fassade ist umso erstaunlicher, da das Gebäude im Laufe seiner Geschichte zwei regelrechte Metamorphosen erfahren hat, 1877 bis 1880 mit dem von Kaiser Wilhelm I. beauftragten Umbau durch Georg Friedrich Hitzig und noch einmal von 1949 bis 1967, als die enormen Kriegszerstörungen durch die Wiederaufbaumaßnahmen der DDR beseitigt wurden.

Obgleich vor und nach der politischen Wende von 1989 als ein Museum für deutsche Geschichte genutzt, entsprach der bauliche Zustand nicht den Anforderungen an ein modernes Ausstellungsgebäude, so dass für den erforderlichen Umbau des Zeughauses 1998 ein Realisierungswettbewerb mit europaweitem Auswahlverfahren ausgelobt wurde, den das Berliner Büro Winfried Brenne Architekten (Entwurfsverfasser W. Brenne, F. Jaschke, A. Maske, J. Suhren) für sich entscheiden konnte. Trotz enger Vorgaben im Bezug auf Bedarf, Denkmalschutz und Budget sowie das bereits festgelegte Konzept von I. M. Pei mit der Anbindung des Neubaus, waren die Beiträge der sieben geladenen Teilnehmer sehr unter-

The architectural challenge faced when converting the Armoury into a modern exhibition building was one of being able to use the creative freedom of contemporary architecture within the context of the protected architectural fabric, or "the art of making the slightest possible interference" (Prof. Dr. Jörg Haspel, Conservator of Berlin on the occasion of the ceremonial handing over of the Armoury to the German Historical Museum).

When the German Historical Museum opens its permanent exhibition of 2,000 years of German history at the beginning of 2006, it will take place in a building which has itself been on display for 300 years. It was reconstructed for this purpose, following a concept which satisfied the high requirements for its use without any fundamental changes being made to the monument. This was made possible through the cautious treatment of the existing substance and extremely innovative technical solutions.

The external appearance of the building appears, to a large extent, in its historical form as developed by von de Bodt, Nehring, Grünberg and, last but not least, by Schlüter, who was responsible for its distinctive sculptural elements. This, even though it experienced two major metamorphoses during the reconstruction performed by Hitzig from 1877 to 1880 during the reign of Emperor William I and, later, through the reconstruction by the GDR between 1949 and 1967 as a result of the enormous destruction during World War II.

Even though it was used as a museum for German history, both before and after the fall of Communism, the structural condition could not satisfy the demands placed on a modern exhibition building. For this reason, a competition for the reconstruction of the Armoury, with a Europe-wide selection procedure, was initiated in 1998. This was won by the Berlin architecture office of Winfried Brenne Architects (chief planners: W. Brenne, F. Jaschke, A. Maske, J. Suhren). In spite of the precise guidelines concerning use, protection of the historic building and budget, as well as I. M. Pei's predetermined concept for the integration with the new construction, the contributions of the seven invited participants differed greatly. The jury's arguments for award-

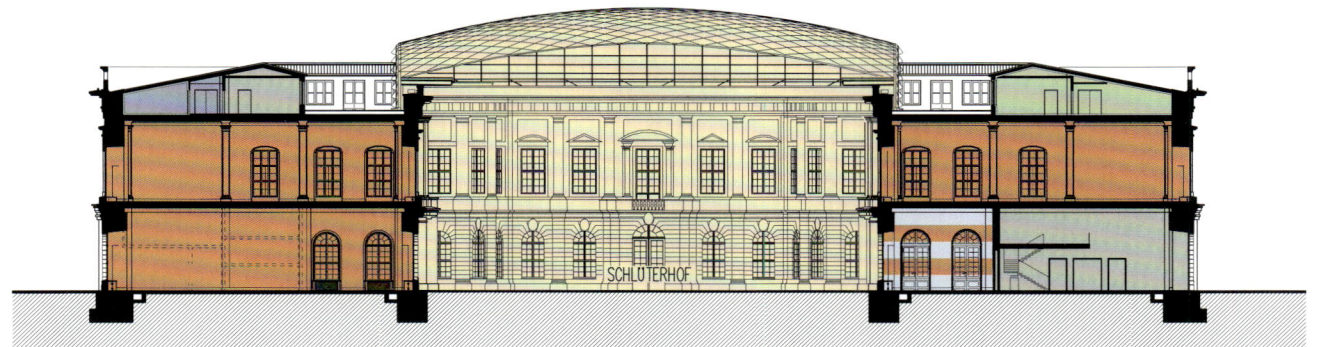

schiedlich. Die Begründung der Jury zum 1. Preis für den Bei- trag von Winfried Brenne Architekten drückt das Besondere an dem Entwurf folgendermaßen aus: »… Eine zurückhalten- de Handschrift zugunsten des Bestandes charakterisiert den Entwurf. Bescheidenheit im architektonischen Selbstver- ständnis ermöglicht eine flexible Museumsnutzung. … Das vorgeschlagene Lüftungssystem wird als innovativ gewür- digt, wenn auch die Funktionstüchtigkeit noch nicht in allen Einzelheiten erkennbar ist. …« Gemeint war damit das aus dem Gebäude heraus entwickelte Nutzungs- und Klimati- sierungskonzept, das auf einen architektonischen Kontrast zwischen Alt und Neu verzichtet und Veränderungen zwar ablesbar, aber dennoch so behutsam vorsieht, dass der his- torische Charakter mit all seinen Zeitschichten bestimmend bleibt. Besonders gewürdigt wurde, dass die Arbeit gänzlich ohne doppelte Böden, abgehängte Decken oder mehrschali- ge Wände auskommt und so die bauliche Authentizität und die vorhandenen Qualitäten erhalten werden konnten. Wie im Folgenden weiter auszuführen sein wird, konnte die von dem quadratischen Schlüterhof dominierte klare Gebäude- struktur und die Weiträumigkeit der dreischiffigen Flügel vollständig nutzbar und teilweise sogar erst wieder erlebbar gemacht werden.

Bereits beim Wiederaufbau der 1950er-Jahre, an dem unter anderem Werner Harting und Otto Haesler im Pla- nungsteam der DDR maßgeblich beteiligt waren, wurde die Gelegenheit genutzt, nach der totalen Entkernung im Inne- ren statt der schweren Kreuzgewölbe, die lichten, dreischiffi- gen Hallen wieder zum Leben zu erwecken. Ein Raumein-

ing the first prize to Winfried Brenne Architects drew atten- tion to the specific quality of the design in the following manner: "… stylistic restraint for the benefit of the existing substance characterises the design. Modesty in the architec- tural identity makes flexible museum use possible. … The proposed air-conditioning system must be praised for its innovation, even though its functionality is still not appar- ent in all details. …" Here, we are dealing with the concepts for utilisation and air-conditioning which were developed out of the building itself, refraining from any architectural contrast between the old and the new, with the changes made perceivable but implemented so prudently that the individual layers of the building's historical character remain predominant. The fact that the work could be completely carried out without any raised floors, suspended ceilings or multipanelled walls, thereby preserving the architectural authenticity and the existing qualities, was seen as particu- larly praiseworthy. As will be dealt with later, the clear struc- ture of the building, dominated by the quadratic Schlüter courtyard and the spacious three-nave wings, could be used to the full and, to a certain degree, only now be fully expe- rienced.

After the total gutting of the interior, the reconstruction carried out during the 1950s – where Werner Harting and Otto Haesler played a major role in the GDR's planning team – took the opportunity of revitalising the light three-nave halls instead of the heavy cross vaulting which can be seen in a sketch of the exhibition layout on the upper floor by Schinkel. At the same time, the 'national style' of the GDR

99

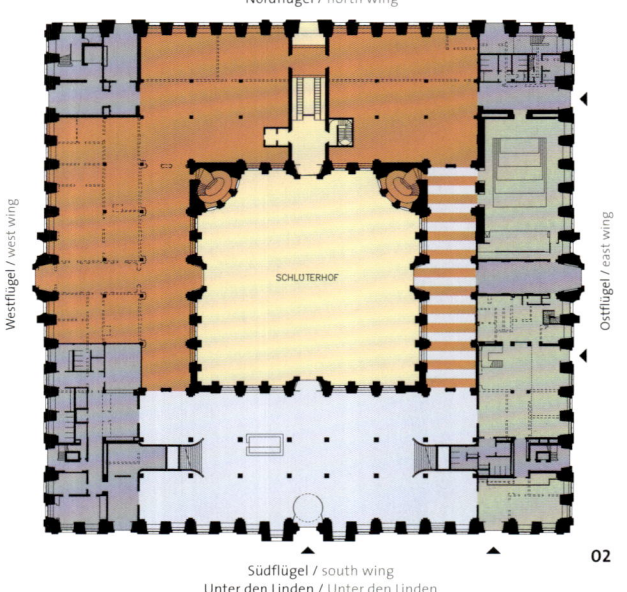

Nordflügel / north wing

Westflügel / west wing

SCHLÜTERHOF

Ostflügel / east wing

Südflügel / south wing
Unter den Linden / Unter den Linden

02

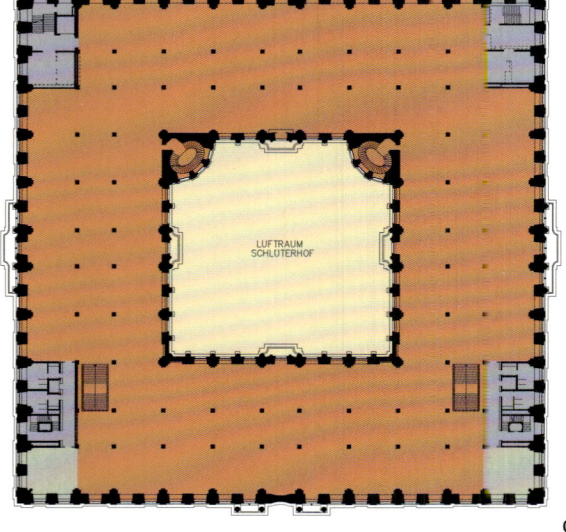

LUFTRAUM
SCHLÜTERHOF

03

druck, wie er aus einer Zeichnung Schinkels zur Ausstellungsgestaltung im Obergeschoss überliefert ist. Gleichzeitig aber ließ der vom DDR-Planungsteam angestrebte »nationale Stil« eine gewisse Leichtigkeit vermissen. Um diesem schweren Raumeindruck entgegenzuwirken, wurden z. B. beim ersten Ausstellungskonzept nach 1989 die Travertinstützen weiß neutralisiert. Im Zuge dieses Umbaus wurde außerdem entlang der Außenwände eine innere Vorwand erstellt und damit eine »Blackbox« geschaffen, um die konservatorisch empfindlichen Objekte vor ungefiltertem Tageslicht zu schützen. Wesentliches Element des neuen Konzepts ist es, nicht nur durch das Freilegen der Fenster, das Innere des Gebäudes für den Besucher wieder sichtbar zu machen und damit auch zugleich Bezug zur äußeren Umgebung zu schaffen, sondern es bietet auch die Chance, eine lichtdurchflutete, weitläufige Atmosphäre herzustellen, in der man durch die Ausstellung flanieren und das Gebäude selbst als Exponat erleben kann.

Inszeniert wird der Außenbezug, und damit die städtebauliche und geschichtliche Einbindung des Gebäudes, durch zwei so genannte Ruhezonen auf halber Strecke des Ausstellungsparcours, jeweils in den Gebäudeecken des Südflügels im Obergeschoss. Auf der einen Seite öffnet sich der Ausblick auf Dom und Schlossplatz, auf der anderen Seite zum Brandenburger Tor und zur Straße Unter den Linden.

Notwendige Veränderungen und Ergänzungen wurden behutsam in das Gebäude eingefügt. Bewusst wurde auf einen gestalterischen Kontrast verzichtet und Veränderung nur mit minimalistischen Mitteln vorgenommen, so dass

lacked a certain effortlessness in the overall concept. For example, this led to the travertine supports being neutralised in white in the GHM's first exhibition concept following the political change. During these renovations, a completely black front wall was installed in front of the external walls, creating a kind of black box in keeping with the contemporary custom for exhibition rooms. The new concept included not only making the interior of the building visible once again and creating a museum with natural light – providing the visitors with a reference to the exterior, which is preferred today – it also offered the opportunity to fashion a generous atmosphere, flooded with light, where one could stroll through the exhibition and where the building itself became an exhibit.

This external reference and, with it, the building's historical and architectural links to the city were created by the two so-called "relaxation areas", located about halfway along the circuit through the museum, in both corners of the south wing on the upper floor, and providing a view of the cathedral and Castle Square on the one side and the Brandenburg Gate and the Unter den Linden boulevard on the other.

The necessary alterations and additions were integrated into the building with architectural sensibility. A decision was made to refrain from any decorative contrasts and changes were made using minimalist means, so that the new additions can be perceived without attracting too much attention. The appearance continues to be dominated by wood and stone of various kinds interplaying with mono-

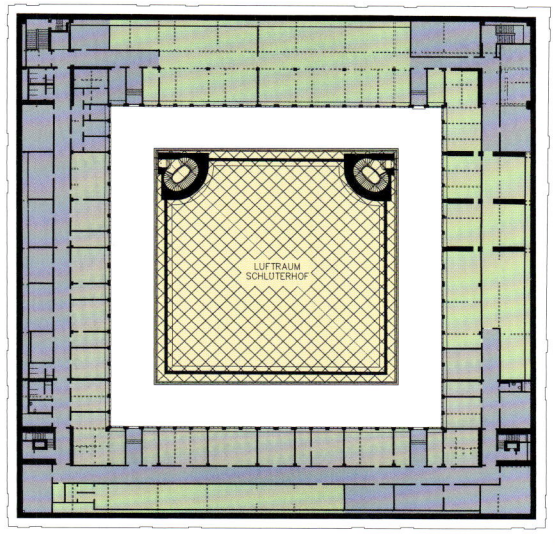

01_ Schnitt durch den Baukörper des Zeughauses, Umbau 1999–2004 / *Cross section through the Armoury, reconstruction 1999–2004*

02 / 03_ Wettbewerbsgrundrisse EG und OG mit Ausstellungsflächen (rot), Erschließungs- und Nebenflächen (blau) und Sondernutzungsflächen (grün), 1998 / *Competition ground plans for the ground floor and upper floor with exhibition space (red), access and side areas (blue) and areas of special use (green),1998*

04_ Wettbewerbsgrundriss DG mit Erschließungs- und Nebenflächen (blau) und Sondernutzungsflächen (grün), 1998 / *Competition ground plans for the top floor with access and side areas (blue) and areas of special use (green), 1998*

neu Hinzugefügtes erkennbar ist, aber nicht vordergründig in Erscheinung tritt. Materialsichtigkeit von Holz und Stein im Zusammenspiel mit monochromen Putz- und Stuckflächen bestimmt weiterhin das Erscheinungsbild, allerdings mit mehr Leichtigkeit und Modernität im Detail.

Betrachtet man die entsprechend der verschiedenen Nutzungen und Funktionen farbig angelegten Grundrisse, wird das Gesamtkonzept und die Übersichtlichkeit der Museumsstruktur auf einen Blick deutlich. Dominierend ist die quadratische Grundform des Gebäudes mit dem großen, zentralen Innenhof. Die (roten) Ausstellungsflächen wurden durch das Auslagern interner Museumsbereiche vergrößert und können so den Hof umschließen. Durch das Anlegen eines Umlaufes entlang der inneren Hoffassade sowohl im Erdgeschoss als auch im Obergeschoss, ist die Orientierung innerhalb des Ausstellungsrundgangs ebenso gegeben, wie das problemlose Auffinden der in den Gebäudeecken befindlichen Treppenhäuser im Gefahrenfall. Nicht zuletzt aufgrund der Tatsache, dass es mit einem wirkungsvollen, aber einfachen Brandschutzkonzept gelang, alle Ausstellungsebenen ohne Unterteilung in einem Brandabschnitt nutzen zu können, konnte die Großzügigkeit und Weitläufigkeit ungeteilt erhalten werden.

Vergleichbare Ausstellungsräume mit Durchblickweiten von 90 m und gleichzeitige Blickbeziehungen zu den umliegenden architektonischen Zeugnissen der deutschen Geschichte gibt es in dieser Form kein zweites Mal – und damit wohl ebenso wenig einen geeigneteren Standort für das Deutsche Historische Museum.

chrome plaster and stucco areas, however, with more lightness and modernity in the details.

If one looks at the ground plans, coloured according to the individual uses and functions, the clarity and precise configuration of the museum immediately become apparent. Competition ground plans for the ground floor and upper floor: exhibition space (red), access and side areas (blue) and areas of special use (green). The quadratic basic form of the building with its large inner courtyard is domineering. The (red) exhibition areas were enlarged through removals and the internal museum areas increased to now enclose the courtyard. The creation of a course around the inner courtyard façade on both the ground and upper floors makes orientation simple from any individual point. This equally facilitates going through an exhibition and finding the emergency exits in the corners of the building in case of danger. The fact that an effective, but simple, fire-protection system was created which allows the entire exhibition area to be used without any subdivision into individual fire compartments permitted the unbroken, bold conception and spaciousness to be maintained.

There is no second example of a comparable room with a perspective of 90 metres offering, at the same time, a first-class overview of constructed German history – and, therefore, no more suitable location for the German Historical Museum.

The staircases between the foyer on the ground floor and the upper floor, originating from the 1950s, are exclusively reserved for strolling around. They can be closed by a

05_ Blick vom Zeughaus-Foyer in den neuen
Servicebereich im Erdgeschoss / View from
the Armoury foyer into the new service area
on the ground floor

05

Die aus den 1950er-Jahren stammenden Freitreppen zwischen Foyer im Erdgeschoss und Ausstellungsräumen im Obergeschoss stehen ausschließlich zum Flanieren zur Verfügung. Sie können auf dem Zwischenpodest mit einer im Museumsbetrieb nicht sichtbaren Glasschiebewand geschlossen werden, womit einerseits die Geschosse gegen Verrauchung voneinander getrennt werden können und andererseits Foyer und Schlüterhof auch unabhängig von den Öffnungszeiten des Museums für Abendveranstaltungen nutzbar sind. In diesem Bereich zwischen Foyer und Ausstellungsräumen sind auch die Service-Einrichtungen für die Besucher zu finden. Die Gestaltung der Toilettenräume für die Besucher im Foyerbereich und im Obergeschoss orientiert sich am hochwertigen und funktionalen Gesamteindruck des Hauses. Das Haus ist behindertengerecht erschlossen und kann in allen Bereichen bequem genutzt werden.

Die bereits vorhandenen Sonderfunktionen Kino und Museumscafé wurden um einen Museumsshop erweitert. Anhand des farbigen Grundrisses wird nicht nur die Einteilung des Hauses in verschiedene Bereiche deutlich, sondern gleichzeitig ist ersichtlich, dass die drei grün markierten Bereiche Kino, Museumscafé und Museumsshop sowohl mit dem Museumsbetrieb vernetzt sind, wie auch autark betrieben werden können, zumal sie im Ostflügel auf der attraktiven und separat zu betretenden Wasserseite mit Anbindung an die Museumsinsel gelegen sind.

Das Kino behält trotz notwendiger technischer Aufrüstungen seinen besonderen Charakter durch die Ausstattung im Stil der 1960er-Jahre. Eine neue Bestuhlung und eine

sliding glass wall on the half-landing, at the same place as the former black folding wall, invisible during museum activities. This permits the floors to be isolated from each other in case of smoke and makes it possible to use the foyer and Schlüter courtyard for evening activities, independent of the opening hours of the museum. The visitors' service areas are located at this junction. The visitors' toilets are decorated in keeping with the status of the house and are also located at the same site on the upper floor. The house has also been adapted so that handicapped persons have pleasant and functional access to all areas.

The already existing cinema and museum café have been complemented by a bookshop. Looking at the coloured ground plan, not only the inner zoning becomes clear but also that the three units, depicted in green, are linked with the activities of the museum or can be used independently, especially as they are incorporated into the attractive waterside front with public transport to and from the Museum Island.

In spite of the necessary technical innovations, the cinema has maintained its 1960s character. New seating and entirely new projection and sound equipment not only make the film programme accompanying the exhibitions attractive but, as the 'Armoury Cinema', it has once again taken its place in Berlin's cinematic landscape. In addition, its interpreters' booths can be used for conferences.

The team responsible for the sophisticated reconstruction project was formed by the engineering offices Transsolar (Stuttgart), which had already worked on the concept

06

komplett neue Kino- und Tontechnik machen das Kino nicht nur für die Besucher der ausstellungsbegleitenden Filmprogramme attraktiv, sondern sichern dem Zeughauskino über den Ausstellungsrahmen hinaus wieder einen festen Platz in der Berliner Kinolandschaft. Außerdem steht es mit hochwertig ausgerüsteten Dolmetscherkabinen für Konferenzen zur Verfügung.

Für die Umsetzung des anspruchsvollen Umbaukonzeptes stand mit den Ingenieurbüros Transsolar, Stuttgart, das bereits an der Konzeption für den Wettbewerb beteiligt war, mit Schreiber Ingenieure, Ulm für die Klimatechnik, mit Pichler Ingenieure, Berlin für die Tragwerksplanung, mit dem Büro Schwarz, Stuttgart/Berlin für die Elektro- und Sicherheitstechnik und mit dem Büro Halfkann und Kirchner, Dresden für das Brandschutzkonzept ein Planungsteam zur Verfügung, das mit dem jeweils speziellen Know-how in der Lage war, innovative Lösungsansätze nicht nur zu entwickeln, sondern sie auch über die Planungs- und Bauphase hinweg konsequent zu optimieren und umzusetzen.

Die dezentrale, weltweit neuartige Klimatisierung, die von Beginn an sowohl mit Skepsis wie mit Interesse betrachtet wurde, und damit einhergehend die spezielle Lösung für Brandschutz und Entrauchung, eröffnete die Chance, ohne alles verändernde doppelte Böden und abgehängte Decken bzw. Teilung der Ausstellungsflächen auszukommen.

Sämtliche Fenster im Gebäude behielten ihr 300-jähriges Erscheinungsbild, obwohl sie funktional, energetisch und sicherheitstechnisch aufwändig aufgerüstet wurden. Im Erdgeschoss konnten sie dabei aufgrund guter Substanz

at the time of the competition; Schreiber Engineers (Ulm), responsible for the air-conditioning technology; Pichler Engineers (Berlin), in charge of supporting-structure planning; Schwarz (Stuttgart/Berlin), responsible for the electrical and security technology; and Halfkann and Kirchner (Dresden), with responsibility for the fire-prevention concept. With their specialised know-how, they were able not only to develop innovative solution approaches but also to optimise and implement them beyond the planning and construction phase.

The decentralised air-conditioning, the first of its kind worldwide, which was initially viewed with much scepticism and, at the same time, a great amount of interest, along with the resultant special solution for fire protection and smoke exhaust, made it possible to avoid double floors, suspended ceilings and partitioning the exhibition areas, which would have altered the entire appearance of the building.

All windows in the building kept their 300-year-old appearance, even though they were upgraded to comply with modern demands for functionality, energy and security. The windows on the ground floor were well preserved and could be utilised whereas those on the upper floor had to be copied. They were all provided with a sun-protection and darkening installation which, with its variable screens, permits a museum with natural light to display light-sensitive exhibits. The industry is now able to produce sun-protection materials which are extremely effective while still being transparent, thus maintaining a connection to the outside world. The strikingly deep window recesses were all given an

103

erhalten werden, während sie im Obergeschoss nachgebaut werden mussten. Sie erhielten jeweils eine Sonnenschutz- bzw. Verdunkelungsanlage, so dass ein Tageslichtmuseum entstanden ist, das auf lichtempfindliche Ausstellungsexpo- nate durch variable Sonnenschutz- und Verdunklungs- screens gezielt eingehen kann – bietet doch die Industrie mittlerweile Sonnenschutzstoffe, die hocheffektiv sind und dennoch die Durchsicht und damit den Außenbezug gewährleisten. Vom Raum her gesehen erhalten die auffal- lend tiefen Fensternischen ein zusätzliches architektoni- sches Element in Form einer Ganzglasscheibe mit darüber liegendem so genannten »lightshelf«, einem horizontalen Aluminiumflügel, der Licht und Luft umlenkt. Diese beiden Elemente sind – wie der schematische Schnitt durch das Fenster mit Darstellung der Funktionsweise zeigt – Bestand- teil der dezentralen Klimatisierung. Sie fügen sich optisch ebenso selbstverständlich in die Nischen ein wie die Brüs- tungsverkleidungen, die anstelle der ursprünglichen Heiz- körper jeweils mit einer eigenständigen Klimaeinheit ausge- rüstet sind. Mit diesem System ist es möglich, die Räume nach dem Quellluftprinzip mit der jeweils erforderlichen Frischluft zu versorgen und gleichzeitig die vorhandene Raumluft hinsichtlich Temperatur und Luftfeuchte exakt nach Vorgabe zu konditionieren. Da es für diese Technik noch kein Referenzbeispiel gibt, waren umfangreiche Test- phasen von computergestützten Rechenmodellen und Simulationen notwendig, ebenso wie Laborversuche in einem gläsernen 1:1-Mock-up in den Produktionshallen des Herstellers bis hin zu einem Feldversuch vor Ort am Beginn der Baumaßnahmen. Dabei wurde die Funktionsweise über ein ganzes Jahr erprobt und gemessen, vor allem hinsicht- lich der enormen Raumdimensionen des Gebäudes und des bauphysikalischen Verhaltens der bis zu zwei Meter starken Außenwände und der raumumschließenden Oberflächen.

Bauherr und Nutzer zeigten sich nach anfänglicher Skepsis überzeugt, zumal ein großer Vorteil darin liegt, dass einzelne Ausstellungsbereiche – anders als bei einer her- kömmlichen zentralen Klimaanlage – für besonders emp- findliche Exponate bei Bedarf auch ohne räumliche Abtren- nung hinsichtlich Temperatur und/oder Luftfeuchte unterschiedlich konditioniert werden können. »Ein Quanten- sprung in der Museumstechnologie«, wie es der General- direktor Professor Hans Ottomeyer anlässlich der Bemuste- rung spontan zum Ausdruck brachte. Darüber hinaus kann die dezentrale Technik einen Vorteil durch den nennenswer- ten Gewinn an Nutzfläche verbuchen, da aufwändige Tech-

additional architectural element in the form of a full-length pane of glass topped with a horizontal aluminium wing – a so-called 'light shelf' – which redirects light and air. As shown by the schematic section through the window, with the depiction of its manner of operation, these two ele- ments are components of the decentralised air-conditioning system. Each has an individual air-conditioning unit and can be incorporated into the recesses just as easily as the pan- elling which has been installed in place of the original radi- ators. This system makes it possible to provide the rooms with the necessary amount of fresh air using the 'source air principle' and, at the same time, guarantees the precise tem- perature and humidity of the air in the rooms. Seeing that there were no reference examples for this technology, it was necessary to carry out testing of computer-supported calcu- lating models and simulations, in addition to laboratory experiments in a one-to-one mock-up in the production facilities of the manufacturer and an in situ field test at the beginning of building operations. In this way, the functional- ity was tested and measured over one full year, particularly in respect to the enormous spatial dimensions of the build- ing, the physical reaction of the external walls up to two metres thick and the surfaces surrounding the rooms.

After their initial scepticism, both the commissioners and the users were able to be convinced, especially as one advantage was that individual exhibition areas for particu- larly sensitive objects could be specifically air-conditioned in regard to temperature and humidity without any spatial separation – something which would not be possible using a standard, central air-conditioning system. As the General Director Professor Ottomeyer spontaneously exclaimed when he inspected the system: this is "a quantum leap in museum technology". Another advantage resulting from this decentralised technology is the space gained by the exclusion of extensive technological installations. This applies not only to the exhibition areas but, in this case, especially to the top floor, where 1,500 m² could be saved by not installing unnecessary air-conditioning control centres, the space being used instead for the book and film archives. A comparative calculation showed that not only the invest- ment costs, but also the costs for the daily operation of the decentralised air-conditioning were considerably more eco- nomical than a centralised system. Construction costs amounting to approximately Euro 25 million – the equiva- lent of Euro 1,100 per m² for 22,500 m² of total area – com- pare favourably with those for other museum buildings. This

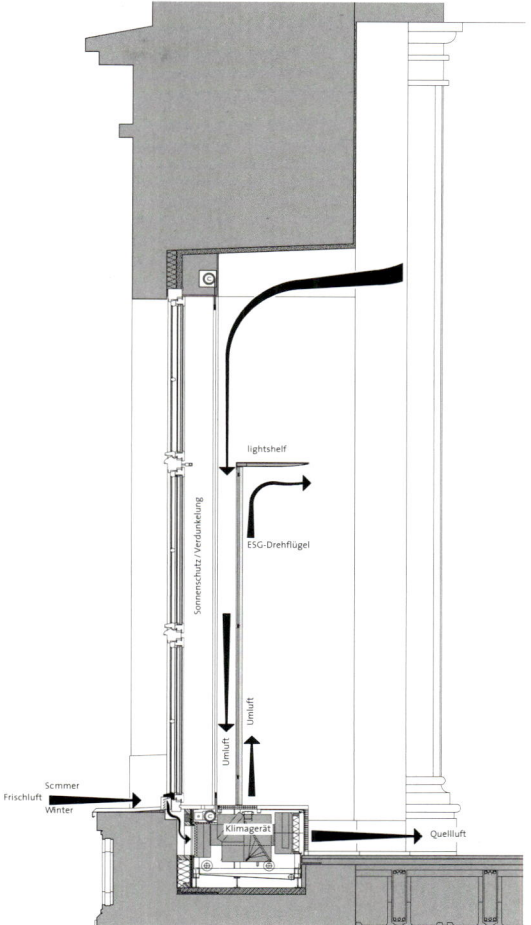

nikeinbauten entfallen. Das betrifft nicht nur die Ausstellungsflächen, sondern in diesem Fall vor allem auch das Dachgeschoss, in dem rund 1.500 qm Nutzfläche für nicht benötigte Klimazentralen eingespart wurden, die für die Unterbringung des Buch- und Filmarchivs genutzt werden konnten. In einer Vergleichsrechnung wurde nachgewiesen, dass nicht nur die Investitionskosten, sondern auch die Kosten für den laufenden Betrieb bei der dezentralen Klimatisierung deutlich günstiger sind, als bei der zentralen. Die Baukosten halten mit insgesamt rund 25 Mio Euro – das entspricht 1.100 EUR/qm bei 22.500 qm Bruttogeschossfläche – jedem Vergleich mit ähnlichen Museumsbauten stand. Dies gewinnt vor allem insofern an Bedeutung, als durch die architektonische und technische Konzeption zusätzliche Flächen nicht nur für die Ausstellung, sondern auch für museumsinterne Belange wie Archive, Werkstätten, Verwaltung und Lagerräume weit über das erwartete Maß hinaus realisiert werden konnten.

increases even further in importance when one considers that this architectural and technical concept permitted additional space, far exceeding the norm, to be created not only for the exhibition but also for other museum activities such as archives, workshops, administration and storage.

07_ Fenster im Obergeschoss mit neuem Ganzglasflügel, »lightshelf« und Brüstungsverkleidung mit Klimaaggregaten / Window on the upper floor with the glass 'lightshelf' and covering of the air-conditioning units

08_ Konstruktionsschema dezentrale Klimatisierung im (Fenster-)Schnitt mit Ganzglasflügel, »lightself« und Brüstungsverkleidung mit Klimaaggregaten / Construction plan of the decentralised air conditioning in (window) cross section with the glass 'lightshelf' and covering of the air-conditioning units

Blick vom Spreekanal auf die Ostfassade mit Eingang zum Zeughaus-Kino und das
Verwaltungsgebäude des DHM / View from the Spree Canal towards the east façade with
the entrance to the Armoury Cinema and the administration building of the German
Historical Museum

Literaturverzeichnis

Armani, Elena Parma, *Perin del Vaga – L'anello marcante,* Genua 1986

Arndt, Monika, »Die »Ruhmeshalle« im Berliner Zeughaus, eine Selbstdarstellung Preussens nach der Reichsgründung«, in: *Die Bauwerke und Kunstdenkmäler von Berlin,* Beiheft 12, Berlin 1985

Ausstellungskatalog Kassel 1997, Hrsg. Lukatis, Christiane; Hans Ottomeyer, Herkules – Tugendheld und Herrscherideal. *Das Herkules-Monument in Kassel-Wilhelmshöhe,* Eurasburg 1997

Ausstellungskatalog Bonn 2000, *Kaiser Karl V. (1500–1558),* Kat. Nr. 264, Bonn 2000

Ausstellungskatalog Berlin 2001: *Preußen 1701 – eine europäische Geschichte,* Bd.1, Katalog IX.55, Berlin 2001

Belfanti, Carlo Marco, u.a., *I Giganti di Palazzo del Te,* Mantua 1989

Blondel, Nicolas François, *Cours d'Architecture enseigné dans l'Académie Royale d'Architecture,* Paris 1675–82

Boeck, Wilhelm, »Les Sculpteurs français à la cour de Frédéric I. de Prusse«, in: *Gazette des Beaux-Arts 75,* 6. Folge, Bd.10, 1933, S. 38–67

Dautel, Isolde, *Andreas Schlüter und das Zeughaus in Berlin,* Petersberg 2001

Dieussart, Charles Philippe, *Theatrum architecturae civilis, In drey Bücher getheilet,* Güstrow 1679

Foerster, Charles F., »Weihenmeyer – Schlüter – Kirchner«, in: *Berliner Museen, Berichte aus den Preußischen Kunstsammlungen LIV,* 1933, S. 96–99

Guthmüller, Bodo, »Ovidübersetzungen und mythologische Malerei. Bemerkungen zur Sala dei Giganti Giulio Romanos«, in: *Mitteilungen des Kunsthistorischen Institutes in Florenz 21,* (1977), S. 35–68

Guthmüller, Bodo, *Studien zur antiken Mythologie in der italienischen Renaissance,* Weinheim 1986

Hahlweg, Werner, »Zur Geschichte des Zeughauses, Neuaufgefundene Zeughauspläne, mit Inventarverzeichnis vom Jahre 1732«, in: *Berliner Museen,* Jg. 59, 1938, S. 4–10

Hautcoeur, Louis, *Histoire de l'Architecture classique en France,* Vol. II, *La regne de Louis XIV.,* Paris 1948

Heckmann, Herrmann, *Baumeister des Barock und Rokoko in Brandenburg – Preußen,* Berlin 1998

Hengel, Martin, *Judentum und Hellenismus – Studien zu ihrer Begegnung unter besonderer Berücksichtigung Palästinas bis zur Mitte des 2. Jahrhunderts v. Chr.,* Tübingen, s.d., Kapitel II, »Der Hellenismus in Palästina als kulturelle Macht«, S. 162–169

Hiltl, Georg »Das Königliche Zeughaus zu Berlin«, in: *Der Bär,* Jg. 13/1876, S. 127/128

Hinterkeuser, Guido, *Das Berliner Schloss. Der Umbau durch Andreas Schlüter,* Berlin 2003

Hinterkeuser, Guido, »Herkules und Minerva«, in: *Weltkunst,* Heft 12, 2005, S. 54/55

Kuke, Hans-Joachim, *Jean de Bodt (1670–1745), Architekt und Ingenieur im Zeitalter des Barock,* Worms 2002

Ladendorf, Heinz, *Der Bildhauer und Baumeister Andreas Schlüter. Beiträge zu seiner Biographie und zur Berliner Kunstgeschichte seiner Zeit,* Berlin 1935

Müller, Regina, *Das Berliner Zeughaus – Die Baugeschichte,* Hrsg. Deutsches Historisches Museum, Berlin, Berlin 1994

Neumann, Hartwig, *Das Zeughaus,* Bonn 1992

Peschken, Goerd, *Das Königliche Schloß zu Berlin,* 2. Bd., München 1992, S. 130 ff.

Peschken, Goerd; Hans-Werner Klünner, *Das Berliner Schloß,* Frankfurt 1982

Petzet, Michael, *Claude Perrault und die Architektur des Sonnenkönigs,* München / Berlin 2000

Rasmussen, Jörg (Hrsg.), *Barockplastik in Norddeutschland,* Ausstellungskatalog Hamburger Museum für Kunst und Gewerbe 1977, S. 457 cf. Andreas Schlüter

Reid, Jane Davidson, *The Oxford guide to classical Mythologie in the Arts,* 1300–1990, New York 1993, S. 1032 mit Auflistung der Kunstwerke und Literatur

Schiedlausky, Günther, *Martin Grünberg, Ein märkischer Baumeister aus der Wende vom 17. zum 18. Jahrhundert,* Burg bei Magdeburg 1943

Schöning, Kurd Wolfgang von, *Historisch-biographische Nachrichten zur Geschichte Der Brandenburgisch-Preußischen Artillerie,* I. Teil, Berlin 1844

Seelig, Lorenz, *Studien zu Martin van den Bogaert, gen. Desjardinus (1637–1694),* Diss. München 1980, Kapitel »Die Sklaven«, S. 49 ff.

Steche, Richard, *Pläne für das K. Zeughaus und ein K. Stallgebäude zu Berlin,* Aus dem Nachlasse des Generals de Bodt, Berlin 1891

Suitner, Gianna; Chiara T. Perina, *Der Palazzo Te in Mantua,* Mailand 1990

Vetter, Andreas W., *Gigantensturz – Darstellungen in der italienischen Kunst. Zur Instrumentalisierung eines mythologischen Bildsujets im historisch-politischen Kontext,* Weimar 2002

Zedler, Johann Heinrich, *Grosses vollständiges Universal-Lexikon aller Wissenschafften und Künste,* Halle/Leipzig, 1732–54, Bd.10, cf. Gigantes, Sp. 1458–1462, Bd. 44, cf. Titanen, Sp. 437–440

Bibliography

Armani, Elena Parma, *Perin del Vaga – L'anello marcante,* Genoa 1986

Arndt, Monika, "Die 'Ruhmeshalle' im Berliner Zeughaus, eine Selbstdarstellung Preussens nach der Reichsgründung", in: *Die Bauwerke und Kunstdenkmäler von Berlin,* supplement 12, Berlin 1985

Exhibition catalogue Kassel 1997, Lukatis, Christiane; Hans Ottomeyer (eds.), *Herkules – Tugendheld und Herrscherideal. Das Herkules-Monument in Kassel-Wilhelmshöhe,* Eurasburg 1997

Exhibition catalogue Bonn 2000, Kaiser Karl V. (1500–1558), cat. no. 264, Bonn 2000

Exhibition catalogue Berlin 2001: *Preußen 1701 – eine europäische Geschichte,* vol. 1, catalogue IX.55, Berlin 2001

Belfanti, Carlo Marco, et. al., *I Giganti di Palazzo del Te,* Mantua 1989

Blondel, Nicolas François, *Cours d'Architecture enseigné dans l'Académie Royale d'Architecture,* Paris 1675–82

Boeck, Wilhelm, "Les Sculpteurs français à la cour de Frédéric I. de Prusse", in: *Gazette des Beaux-Arts 75,* 6th series, vol. 10, 1933, pp. 38–67

Dautel, Isolde, *Andreas Schlüter und das Zeughaus in Berlin,* Petersberg 2001

Dieussart, Charles Philippe, *Theatrum architecturae civilis, In drey Bücher getheilet,* Güstrow 1679

Foerster, Charles F., "Weihenmeyer – Schlüter – Kirchner", in: *Berliner Museen, Berichte aus den Preußischen Kunstsammlungen LIV,* 1933, pp. 96–99

Guthmüller, Bodo, "Ovidübersetzungen und mythologische Malerei. Bemerkungen zur Sala dei Giganti Giulio Romanos", in: *Mitteilungen des Kunsthistorischen Institutes in Florenz 21,* (1977), pp. 35–68

Guthmüller, Bodo, *Studien zur antiken Mythologie in der italienischen Renaissance,* Weinheim 1986

Hahlweg, Werner, "Zur Geschichte des Zeughauses, Neuaufgefundene Zeughauspläne, mit Inventarverzeichnis vom Jahre 1732", in: *Berliner Museen,* vol. 59, 1938, pp. 4–10

Hautcoeur, Louis, *Histoire de l'Architecture classique en France,* Vol. II, *La regne de Louis XIV.,* Paris 1948

Heckmann, Herrmann, *Baumeister des Barock und Rokoko in Brandenburg – Preußen,* Berlin 1998

Hengel, Martin, *Judentum und Hellenismus – Studien zu ihrer Begegnung unter besonderer Berücksichtigung Palästinas bis zur Mitte des 2. Jahrhunderts v. Chr.,* Tübingen, undated chapter II, "Der Hellenismus in Palästina als kulturelle Macht", pp. 162-169

Hiltl, Georg, "Das Königliche Zeughaus zu Berlin", in: *Der Bär,* vol. 13/1876, pp. 127–128

Hinterkeuser, Guido, *Das Berliner Schloss. Der Umbau durch Andreas Schlüter,* Berlin 2003

Hinterkeuser, Guido, "Herkules und Minerva", in: Weltkunst, no. 12, 2005, pp. 54–55

Kuke, Hans-Joachim, *Jean de Bodt (1670–1745), Architekt und Ingenieur im Zeitalter des Barock,* Worms 2002

Ladendorf, Heinz, *Der Bildhauer und Baumeister Andreas Schlüter. Beiträge zu seiner Biographie und zur Berliner Kunstgeschichte seiner Zeit,* Berlin 1935

Müller, Regina, *Das Berliner Zeughaus – Die Baugeschichte,* Deutsches Historisches Museum, Berlin (ed.), Berlin 1994

Neumann, Hartwig, *Das Zeughaus,* Bonn 1992

Peschken, Goerd, *Das Königliche Schloß zu Berlin,* 2nd vol., Munich 1992, p. 130 ff.

Peschken, Goerd; Hans-Werner Klünner, *Das Berliner Schloß,* Frankfurt 1982

Petzet, Michael, *Claude Perrault und die Architektur des Sonnenkönigs,* Munich / Berlin 2000

Rasmussen, Jörg (ed.), *Barockplastik in Norddeutschland,* exh. cat. Hamburger Museum für Kunst und Gewerbe 1977, p. 457 cf., Andreas Schlüter

Reid, Jane Davidson, *The Oxford guide to Classical Mythology in the Arts,* 1300–1990, New York 1993, p. 1032 with listing of works of art and bibliography

Schiedlausky, Günther, *Martin Grünberg, Ein märkischer Baumeister aus der Wende vom 17. zum 18. Jahrhundert,* Burg bei Magdeburg 1943

Schöning, Kurd Wolfgang von, *Historisch-biographische Nachrichten zur Geschichte Der Brandenburgisch-Preußischen Artillerie,* part 1, Berlin 1844

Seelig, Lorenz, *Studien zu Martin van den Bogaert, gen. Desjardinus (1637–1694),* thesis, Munich 1980, chapter "Die Sklaven", p. 49 ff.

Steche, Richard, *Pläne für das K. Zeughaus und ein K. Stallgebäude zu Berlin,* Aus dem Nachlasse des Generals de Bod, Berlin 1891

Suitner, Gianna; Chiara T. Perina, *Der Palazzo Te in Mantua,* Milan 1990

Vetter, Andreas W., *Gigantensturz – Darstellungen in der italienischen Kunst. Zur Instrumentalisierung eines mythologischen Bildsujets im historisch-politischen Kontext* Weimar 2002

Zedler, Johann Heinrich, *Grosses vollständiges Universal-Lexikon aller Wissenschafften und Künste,* Halle/Leipzig, 1732–54, vol. 10, cf. giants, col. 1458–1462, vol. 44, cf Titans, col. 437–440

Medusahaupt an der Nordfassade des Zeughauses, Andreas Schlüter (Entwurf), Georg Gottfried Weyhenmeyer (Ausführung) um 1696 / Medusa head on the north façade of the Armoury, Andreas Schlüter (design),
Georg Gottfried Weyhenmeyer (execution) around 1696

Blick auf die Nordfassade des Zeughauses, im Vordergrund der gläserne Treppenturm der Ausstellungshalle /
View of the north facade of the Armoury with the glass stairwell of the exhibition hall in the foreground

Blick von der Schlossbrücke mit Figurengruppen
von K. F. Schinkel (Entwurf), 1842/57 / View from the
Castle Bridge with groups of figures designed by
K. F. Schinkel, 1842/57

© Prestel Verlag, München · Berlin · London · New York, 2006

Auf dem Umschlag (umlaufend): Zeughaus, Außenansicht von der Straße
Unter den Linden / On the cover (front and back): Armoury, Exterior view
from Unter den Linden Boulevard; S. / p. 1: Gigantenhaupt mit Tuch, 1696,
A. Schlüter (Entwurf), G. G. Weyhenmeyer (Ausführung) / Head of a giant
with cloth, around 1696, A. Schlüter (sketch), G. G. Weyhenmeyer (execution);
S. / p. 3: Ausstellungsbereich im Südflügel, Obergeschoss, Blick nach
Südwesten / Exhibition area in the south wing, upper floor, view to the
south-west

Die Deutsche Bibliothek verzeichnet diese Publikation in der Deutschen
Nationalbibliografie; detaillierte bibliografische Daten sind im Internet
über http://dnb.ddb.de abrufbar / The Deutsche Bibliothek lists this
publication in the Deutsche Nationalbibliografie; detailed bibliographic
data is available on the Internet at http://dnb.ddb.de

The Library of Congress Cataloguing-in-Publication data is available.

Prestel Verlag
Königinstraße 9
D-80539 München
Telefon +49 (89) 38 17 09-0
Telefax +49 (89) 38 17 09-35
info@prestel.de
www.prestel.de

Prestel Verlag
Büro Berlin
Husemannstraße 26, D-10435 Berlin
Telefon +49 (30) 425 01 85
Telefax +49 (30) 425 01 85

Prestel Publishing Ltd.
4, Bloomsbury Place
London, WC1A 2Qa
Tel.: +44 (020)7323 5004
Fax.: +44 (020) 7636 8004

Prestel Publishing
900 Broadway, Suite 603
New York, N.Y. 10003
Tel.: +1 (212) 995 2720
Fax.: +1 (212)995 2733
www.prestel.com

Prestel books are available worldwide. Please contact your nearest
bookseller or one of the above addresses for information concerning
your local distributor.

Translated from the German by Robert McInnes, Vienna

Lektorat / Editorial direction: Frauke Berchtig
Copy-editing: Danko Szabó, München
Gestaltung und Herstellung / Design and layout:
typo//designbüro uta thieme & jens wolfram, Berlin
Reproduktion / Origination: LVD GmbH, Berlin
Druck / Printing: sellier druck GmbH, Freising
Bindung / Binding: Conzella, Pfarrkirchen

Printed in Germany on acid-free paper

ISBN 3-7913-3356-9
978-3-7913-3356-4

Abbildungsnachweis / Picture credits

Alle Abbildungen stammen von Ulrich Schwarz, Berlin mit Ausnahme von:
All photographs by Ulrich Schwarz, Berlin, with the exception of:

S. / p. 05: Hans-Joachim Bartsch, Berlin
S. / p. 06: Jürgen Hohmuth / zeitort.de, Berlin
S. / p. 15: bpk/Hamburger Kunsthalle, Elke Walford
S. / p. 19, 21 rechts/right, 22, 23, 24: Berliner Stadtbibliothek, Historische
Sondersammlungen, Foto: Michael Lüder, Potsdam
S. / p. 25: SMB – Kunstbibliothek Berlin
S. / p. 26, 27: Dr. Ulrich Hübinger, Berlin/Bonn
S. / p. 21 links / left, 28, 47–49, 51–54, 57 rechts / right, 73 82 links / left,
83 links / left: Bildarchiv Deutsches Historisches Museum Berlin
S. / p. 46: Stiftung Preussische Schlösser und Gärten Berlin-Brandenburg,
Potsdam
S. / p. 55: Bildarchiv DHM Berlin, Foto: R. Boemke. D. Nagel
S. / p. 56: Bildarchiv DHM Berlin, Foto: Heinz Nixdorf
S. / p. 57 links / left: Bildarchiv DHM Berlin, Foto: Arne Psille, Sabine Ahlers
S. / p. 80, 81: Förderverein Berliner Schloss e.V.
S. / p. 82 rechts / right, 83 rechts/right, 85: Bildarchiv DHM Berlin,
Foto: Klaus G. Beyer, Weimar
S. / p. 84: Bildarchiv Foto Marburg
S. / p. 99–101, 105: WINFRIED BRENNE ARCHITEKTEN, Berlin
S. / p. 103, 105 links/left: WINFRIED BRENNE ARCHITEKTEN, Berlin,
Foto: Herschel

Die Autoren / The authors

Winfried Brenne, Dipl.-Ing. Architekt BDA/DWB, Architekturbüro
WINFRIED BRENNE ARCHITEKTEN, Berlin, 1998 bis 2004 Umbau
des Berliner Zeughauses. / Winfried Brenne, WINFRIED BRENNE
ARCHITECT'S Office, Berlin, renovated the Berlin Armoury 1998–2004.

Ulrike Kretzschmar M.A., seit 1987 im DHM tätig, ab 1991 Abteilungs-
leiterin Ausstellungen und Baureferentin. / Ulrike Kretzschmar has worked
for the GHM since 1987. Head of the Exhibition Department and building
adviser since 1991.

Dr. Hans-Joachim Kuke, Studium der Kunstgeschichte, Geschichte
und Romanistik, Promotion über den Architekten Jean de Bodt. /
Hans-Joachim Kuke, studied art history, history and Romance culture,
Doctoral thesis on the architect Jean de Bodt.

Professor Dr. Hans Ottomeyer, seit 2000 Generaldirektor des DHM. /
Hans Ottomeyer, General Director of the GHM since 2000.

Der Fotograf / The photographer

Ulrich Schwarz, Dipl. Ing., seit 1992 als Architekturfotograf tätig u. a.
für Kühn Malvezzi Architekten, Prof. Hans Kollhoff Architekten, Stephan
Braunfels Architekten. / Ulrich Schwarz, architectural photographer
since 1992 for, among others Kühn Malvezzi Architekten, Prof. Hans Kollhoff Architekten, Stephan Braunfels Architekten.